MERCHANDISING NO PONTO DE VENDA

CONCEITOS E PRÁTICAS HÍBRIDAS

RAQUEL PRADO

MERCHANDISING NO PONTO DE VENDA

CONCEITOS E PRÁTICAS HÍBRIDAS

Copyright © 2023 by Raquel Prado.
Todos os direitos reservados e protegidos pela Lei 9.610, de 19.2.1998.
É proibida a reprodução total ou parcial, por quaisquer meios, bem como a produção de apostilas, sem autorização prévia, por escrito, da Editora.

Direitos exclusivos da edição e distribuição em língua portuguesa:

Maria Augusta Delgado Livraria, Distribuidora e Editora

Editor: *Isaac D. Abulafia*
Diagramação e Capa: *Julianne P. Costa*

Dados Internacionais de Catalogação na Publicação (CIP) de acordo com ISBD

```
P896m      Prado, Raquel
               Merchandising no ponto de venda: conceitos e práti-
           cas híbridas / Raquel Prado. - Rio de Janeiro : Freitas
           Bastos, 2023.
               164 p. ; 15,5 cm x 23 cm.
               Inclui bibliografia.
               ISBN: 978-65-5675-242-6

               1. Merchandising. 2. Ponto de venda. 3. Vendas. 4.
           Consumidor híbrido. I. Título.
2022-4022
                                                       CDD 658.8
                                                       CDU 658.8
```

Elaborado por Odilio Hilario Moreira Junior - CRB-8/9949

Índices para catálogo sistemático:
1. Marketing 658.8
2. Marketing 658.8

Freitas Bastos Editora
atendimento@freitasbastos.com
www.freitasbastos.com

SUMÁRIO

INTRODUÇÃO   1

CAPÍTULO I
TRAJETÓRIA DO AUTOSSERVIÇO NO BRASIL E NO MUNDO   7
1.1. Armazéns e mercearias   14
1.2. Supermercados   16
1.3. Hipermercados   20
1.4. Lojas de vizinhança   23
1.5. Varejo atual   25

CAPÍTULO II
COMPORTAMENTO DO CONSUMIDOR – INTERSECÇÃO ENTRE A PSICOLOGIA E O MARKETING   35
2.1. Por que consumimos   38
2.2. Fatores psicológicos e pessoais no comportamento do consumidor   45
2.3. Fatores sociais e culturais   51
2.4. Comportamento de compra em supermercados   54

CAPÍTULO III
MERCHANDISING – TÉCNICA DE SEDUÇÃO NO PONTO DE VENDA   66
3.1. Conceitos e atribuições   67
3.2. O ponto de venda como mídia   83

CAPÍTULO IV
PRÁTICAS DE MERCHANDISING – CRIAÇÃO DE AMBIENTE CONVIDATIVO   99

4.1. Ambientações institucionais   100
4.2. Ambientações promocionais   101
4.3. Exposição de produtos   103
4.4. Layout de loja   106
4.5. O design de loja como aliado para produzir compras memoráveis e experiências únicas   109
4.6. Visual merchandising   112
4.7. Pontos principais para uma boa organização   116
4.8. Sinalização digital – Merchandising 3D   **118**

CAPÍTULO V
MERCHANDISING NAS REDES SOCIAIS   126

5.1. Influenciadores digitais e o merchandising   128
5.2. Varejo no Metaverso   133

CAPÍTULO VI
EXTRAS – MERCHANDISING PARA VER E CRER – EXPERIÊNCIAS INESQUECÍVEIS NO PONTO DE VENDA   137

CONSIDERAÇÕES FINAIS   147

REFERÊNCIAS BIBLIOGRÁFICAS   151

INTRODUÇÃO

O varejo faz parte da vida dos consumidores. Pode-se dizer que é possível viver uma experiência de compra todos os dias. No papel de consumidores, todos frequentam lojas, supermercados, *shopping centers*, restaurantes, cinemas, feiras livres, *sites*, *e-commerces* e *marketplaces*. Para atender a essa movimentação

Para atender a essa movimentação, empresas dedicam-se a exercer atividades varejistas, seja para comprar matérias-primas, materiais de consumo ou peças ou vender seus próprios produtos e serviços.

O processo de compra consiste em uma fórmula simples: o consumidor se interessa pela mercadoria exposta, enquanto o varejista a oferece recebendo algo em troca. Como intermediador desse processo de compra e venda, está o *merchandising*, uma espécie de vendedor silencioso de produtos e serviços, destinado a motivar compras, agregar serviços e, especialmente, vender, uma de suas funções principais.

Nos últimos anos, a disputa pela preferência do consumidor em todos os mercados globais gerou um quadro de crescente concorrência. O ponto de venda passou a destacar-se como meio de comunicação de marca após o processo de profissionalização do varejo, iniciado na década de 1980. Naquela época, entraram no mercado brasileiro grandes redes varejistas trazendo novos *layouts*, novos padrões de organização e comunicação.

Com isso, o ponto de venda deixou de ser apenas um intermediário no processo de compra e venda. Passou a exigir pesquisas sobre o comportamento do consumidor e ferramentas promocionais específicas, como materiais de *merchandising*. Além disso, com a proliferação de canais de televisão tanto em rede aberta, quanto por assinatura, as empresas não têm como garantir que o consumidor vai assimilar a informação em determinada mídia. Logo, o ponto de venda assumiu o papel de canal de contato com o consumidor.

A pandemia da Covid-19 também respondeu por modificações expressivas nos hábitos de compra do consumidor e nos canais varejistas, intensificando, inclusive, as operações *online*. Muitos varejistas se viram diante da decisão de continuar sua operação no *online* ou fechar suas portas devido a restrições sanitárias de funcionamento para conter o avanço da doença, no Brasil e no mundo. Foi uma oportunidade para o surgimento de *e-commerces* em diversos segmentos varejistas e o *marketplace*, que agrupou o varejo em um esforço único para atender o consumidor que necessitava fazer compras, encontrar variedade, preços competitivos e condições de pagamento satisfatórias.

Outra atribuição transmitida ao ponto de venda foi educar o consumidor e simplificar o seu processo de escolha e de compra. A cada vez mais, mais produtos e marcas são lançados no varejo. Estes fatores estão motivando muitas empresas a redirecionarem seus investimentos para as áreas de Promoção de Vendas e *Merchandising* no ponto de venda, tanto *off-line*, quanto *online*, pois é fundamental uma boa exposição do produto no varejo, para que todo o esforço e empenho das estratégias elaboradas para a comunicação de marca e produto não sejam perdidos naqueles instantes finais que cada consumidor leva para decidir se levará um produto ou outro, a marca A ou a marca B.

O interesse pelo tema surgiu com o trabalho desenvolvido como jornalista especializada em Varejo por oito anos. Com passagens por revistas técnicas do setor supermercadista, ocorreu a necessidade de frequentar cursos, *workshops*, seminários e outros eventos destinados a desvendar esse fascinante universo. Os estudos me conduziram a uma especialização sobre comunicação no ponto de venda e ao mestrado, com pesquisas sobre a participação do *merchandising* no processo de compra dos consumidores em supermercados, desenvolvidas para empresas nacionais e internacionais como Nestlé, TetraPak, McCain, Vilma Alimentos, entre outras. O ingresso no meio acadêmico veio na sequência e sou professora de Comunicação Mercadológica e Marketing, para estudantes de graduação, tecnólogo, especialização *(lato sensu* e MBA) há 15 anos.

Este trabalho propõe-se a mostrar o papel de destaque do *Merchandising* no processo de compra dos consumidores. O design de loja, aliado ao planejamento de comunicação e marketing, envolvendo embalagens, ambientações, técnicas de *merchandising online* e *off-line*, estímulos como música, cores, aromas e criação de experiências no ponto de venda são fatores cruciais para o sucesso do varejo e da indústria na esperada tarefa de encantar e fidelizar consumidores.

Os estudos elaborados para o desenvolvimento deste trabalho apoiaram-se em três pilares, como Varejo, Comportamento do consumidor e *Merchandising*. Tais divisões foram imprescindíveis para a condução das pesquisas e no decorrer dos estudos, descobriu-se uma estreita ligação entre ambos.

O desenvolvimento do varejo brasileiro, por exemplo, foi necessário para atender a um consumidor mais exigente, consciente do seu poder de compra e que preza a variedade de marcas, serviços e a qualidade dos produtos. Para atender a esse consumidor, o varejo foi obrigado a repensar estratégias como a Comunicação no ponto de venda, colaborando para o crescimento das técnicas de práticas de apresentação de produtos, esfera onde o *merchandising* ocupa uma posição de destaque.

O Capítulo I aborda a trajetória do autosserviço no Brasil e no mundo, considerando como o comércio nasceu e os passos que foram necessários para a sua transformação em autosserviço, passando pelos formatos de armazéns e mercearias, gerenciados por empresas familiares. O conceito em que os consumidores podiam pegar os produtos das prateleiras, colocar no carrinho de compras e levar ao caixa para pagamento, chamado de autosserviço, foi uma pequena revolução para os costumes brasileiros da época, mas não se pode negar o sucesso que fez. Em pouco tempo, muitos armazéns e mercearias eram convertidos para supermercados.

O primeiro capítulo destina-se também a mostrar a origem dos hipermercados e sua chegada ao Brasil, graças aos gigantes do varejo mundial, como Carrefour e Walmart. Outro formato varejista enfocado nesse capítulo que está ganhando cada vez mais adeptos é a loja de vizinhança, uma espécie de supermercado de bairro, com concentração de produtos perecíveis e atendimento focado nas necessidades da região de atuação. O capítulo mostra também a febre das aquisições que tomou conta do varejo brasileiro, com a chegada dos grandes grupos varejistas, além de traçar algumas tendências que prometem novas revoluções na maneira de comprar, graças à tecnologia.

No Capítulo II, é abordado um pouco de Comportamento do Consumidor, como uma ciência fundamental para a compreensão de atitudes de compra e como o ambiente pode atender melhor a um consumidor que passa por vários estágios antes de retirar o produto da prateleira e comprá-lo efetivamente.

Tenta-se responder questões vinculadas ao ato de consumir, envolvendo respostas psicológicas e pessoais, sociais e culturais nessa ação. Afinal, quando alguém compra, usa ou paga um produto ou serviço, tal ação não é isolada. Trata-se de um aprendizado acumulado durante toda a vida com respeito ao mundo em geral e ao mercado em particular. Esse estoque de informações orienta o modo como os consumidores respondem a novas informações de mercado. Entender o dinamismo do comportamento do consumidor é essencial para as ações de Marketing e Comunicação. Como essa dissertação enfoca o *Merchandising* em supermercados, foi feita uma pesquisa exploratória destinada a levantar um pouco do comportamento do consumidor nesse ambiente.

No Capítulo III, pretende-se aprofundar os conceitos e atribuições do *Merchandising* como técnica de sedução no ponto de venda, relatando algumas ações bem-sucedidas desenvolvidas pela indústria e pelo varejo brasileiro. O *Merchandising* está em expansão no meio publicitário, recebendo mais verbas e sendo encarado como mais uma alternativa de mídia.

Ao mesmo tempo, o *Merchandising* motiva testes diversos no ambiente de compras, como a utilização de televisores veiculando informações sobre produtos, ofertas e outras notícias de interesse dos consumidores. O conceito loja dentro de loja, uma ampliação da prática de *visual merchandising*, ganha adeptos e muitos exemplos no varejo brasileiro e é explicado em toda a sua esfera nesse capítulo.

O Capítulo IV é destinado a apresentar as práticas de *merchandising* recomendadas para a criação de um ambiente convidativo para compras e experiências satisfatórias para o consumidor. Nesta unidade será possível conferir práticas atuais como as iniciativas de Riachuelo e Renner em trabalhar o conceito de loja sustentável e design aliado a valores agregados no Brasil. Tipos de layout que podem ser trabalhados no ponto de venda como livre, estrela, em grade e como o *merchandising* pode estimular os cinco sentidos do consumidor como olfato com fragrâncias específicas que remetem a sensoriais diferenciados, visão com iluminação adequada, exposições e cores que despertam emoções. Os esforços de sinalização digital e *merchandising* 3D são apresentados também neste capítulo, junto com estratégias para potencializar embalagens em exposições mais favoráveis a compras inesquecíveis.

Já no Capítulo V, é possível conferir como está o *Merchandising* na Internet e nas redes sociais, com a atuação de influenciadores digitais e virtuais. O *merchandising* digital exige técnicas e boas práticas, a exemplo do *merchandising* praticado nos ambientes *off-line*. Tais práticas envolvem cuidados com a localização e disposição de produtos, utilização de cores, ilustrações, *mockups,* e fotos reais do produto, utilização de identidade visual da marca para reconhecimento do público, segmentação dos produtos de acordo com a categoria do negócio, aplicação de calendário sazonal, para aproveitar datas específicas como Natal, Dia das Mães, entre outras oportunidades, visibilidade de produtos, rotulagem e informações dos produtos e ferramentas e canais de distribuição adequados como blogs, redes sociais, *marketplaces* e *e-commerces,* reconhecidos como vitrines virtuais de produtos. O capítulo apresenta estudos de casos de influenciadores digitais e virtuais como Lu da Magalu e CB das Casas Bahia, além de traçar algumas considerações sobre o Metaverso, realidade que ainda está em construção, mas repleta de oportunidades para indústria, varejo, *merchandising* e experiências de compra inusitadas e inesquecíveis.

Como o *Merchandising* é uma prática com apelo visual, o capítulo VI apresenta diversos exemplos de ações de *merchandising* em ponto de venda, com técnicas como loja dentro de loja, *cross merchandising*, entre outros recursos que conferem dinamismo ao ponto de venda na exposição de marcas e produtos.

A finalidade desse trabalho é sugerir novas pistas para as práticas sobre *Merchandising*, que poderão ser apoiados com o auxílio de novas pesquisas. São pontos que merecem destaque em planejamentos de marketing e comunicação para o varejo e a indústria com a finalidade de apoiar exposições diferenciadas, destacar embalagens, aprimorar os sentidos do consumidor no ponto de venda, melhorar a sinalização de espaços e tornar as experiências de compra memoráveis. Afinal pesquisas mostram que mais de 80% das decisões de compra do consumidor são tomadas no ponto de venda e o papel do *Merchandising* é desenvolver a percepção do consumidor de que ele está no lugar, na hora certo, comprando marcas, produtos e serviços de forma consciente e inesquecível.

CAPÍTULO I
TRAJETÓRIA DO AUTOSSERVIÇO NO BRASIL E NO MUNDO

Entender a importância do varejo no contexto mercadológico e econômico é tarefa simples. Várias empresas comercializam produtos e serviços diretamente ao consumidor, elaborando estratégias, ações e campanhas para aumentar a penetração de suas marcas no varejo. Graças a essa movimentação, milhões de reais são transacionados diariamente. O varejo emprega milhões de pessoas no mundo todo, girando a economia, por meio da tradicional troca de mercadorias. Além disso, o varejo representa um considerável elemento de marketing que cria utilidade de posse, tempo e lugar.

O varejo pode ser definido de diversas formas. Uma delas, segundo Las Casas (2004, p. 17), diz que é a atividade comercial responsável por providenciar mercadorias e serviços desejados pelos consumidores. Trata-se do processo de compra de produtos em quantidade relativamente grande dos produtores atacadistas e de outros fornecedores e posterior venda em quantidades menores ao consumidor final.

Definições varejistas à parte, é importante mencionar que varejo engloba a comercialização a consumidores finais, conceito adotado desde os primórdios das operações varejistas, ocorrido na antiguidade. Os registros mais antigos mostram a existência de ambos, atacadistas e varejistas.

Tal afirmação é feita por Henry Richter (*apud* Las Casas, 2004, p. 20). As cidades de Atenas, Alexandria e Roma representaram grandes áreas comerciais e os gregos antigos eram vistos como grandes comerciantes. Na época do Império Romano, as lojas existiam em grande quantidade em Roma e em outras cidades do império. A maioria das lojas tinha uma placa do lado de fora para designar o tipo de mercadoria trabalhada. A queda do Império Romano demonstrou também uma queda da estrutura do varejo na época.

Na metade do século XIV, cresceram os *guilds* (palavra de língua inglesa que significa corporações), locais para proteger os mercadores de taxas, impostos etc. Os ingleses ganharam prestígio em competição com os italianos e alemães.

Tanto na Inglaterra como nos Estados Unidos, as lojas de mercadorias gerais eram tradicionais. Essas lojas comercializavam produtos alimentícios, tecidos, pólvoras, armas, além de outros itens. Tiveram também importante papel social, uma vez que serviram como centro de reuniões do setor rural. Muitos compradores dirigiam-se aos estabelecimentos apenas para conversar e se informar. Essas lojas foram consideradas verdadeiras âncoras para atividades sociais da época.

Posteriormente, com o desenvolvimento da estrada de ferro, conforme explica Las Casas (2004, p. 20), apareceram empresas comercializando por catálogo. Nos Estados Unidos, a primeira empresa a comercializar por catálogo foi a Montgomery Ward, iniciando suas operações em 1872. A Sears começou em 1886.

O início das operações da Sears foi curioso. Richard W. Sears era um agente de estação de estrada de ferro em Minnesota, nos Estados Unidos. Ele assumiu a responsabilidade de vender um embarque de relógios que havia sido rejeitado. Recorreu a amigos e encontrou facilidade em desempenhar a ação, uma vez que o baixo *mark-up* (margem) necessário para cobrir custos permitiu a venda a um preço mais reduzido do que o normal.

Outra curiosidade surgida na época eram os *street cars*, os bondes elétricos, que provocaram uma descentralização dos estabelecimentos varejistas para os bairros das cidades. Lojas estabeleciam-se ao longo dos trilhos, surgindo em alguns locais os primeiros centros comerciais de bairros. O primeiro desses carros foi desenvolvido por Frank Sprague e operado com sucesso em Virgínia, nos Estados Unidos, em 1874.

Com o desenvolvimento do automóvel, o comércio deslocou-se para os bairros em virtude da dificuldade de entrar com os carros nas ruas congestionadas no centro das cidades, que eram feitas para o tráfego de carroças e cavalos. Os *shopping centers* desenvolveram-se a partir dessa nova situação, pois ofereciam para os clientes amplos estacionamentos, além de outras atividades. O comércio recebeu a influência dessa mudança dos meios de transporte.

No início do século XIX, desenvolveram-se lojas de departamento, casas de venda pelo correio postal e lojas em cadeia. Nos Estados Unidos, os principais varejistas surgiram no século XIX, como Marshall Field, John Wanamaker e A. Stewart.

No Brasil, o comércio deu seus primeiros passos na época da colônia, em total dependência de Portugal. Os portugueses controlavam as operações em sua conquista. No Brasil colônia, as companhias de comércio tiveram importante atuação no mercado brasileiro.

A produção brasileira na agricultura, pecuária e mineração abriram as portas para o desenvolvimento do comércio brasileiro: (Las Casas 2004, p. 22):

> O comércio brasileiro foi estabelecido na alavancagem das produções agrícola, pecuária e mineração. A cultura do pau-brasil e do açúcar correspondem a um período do crescimento brasileiro; posteriormente, o gado e a mineração ocuparam outro período de crescimento seguidos da cultura cafeeira, que praticamente mudou o destino do país. A cultura cafeeira proporcionou uma época de crescimento do século XX e a primeira parte que originou o crescimento atual. Em nossa história econômica percebem-se diferentes ênfases de produtos comercializados no lastro dessas culturas. Enquanto no nível externo a exportação era a base do comércio, no nível interno passavam-se certas dificuldades, atribuídas por alguns historiadores à própria centralização de decisões em Lisboa, Portugal, agravadas por problemas de infraestrutura interna. As dificuldades para os transportes a distância entre os locais para a comercialização, além da comunicação difícil, eram os principais agravantes. Além disso, várias leis procuravam manter o monopólio dos portugueses na comercialização.

Na fase do império, ocorreu certa euforia no desenvolvimento das atividades agrícolas. No entanto, o desempenho do setor industrial estava longe de ser comemorado. Apesar da abolição da proteção de instalação da indústria no Brasil ocorrer em 1808, o tratado de 1810, firmado com a Inglaterra, e a consagração do livre cambismo em face da inexistência da uma proteção alfandegária para a indústria nacional não permitiam o desenvolvimento industrial do País. Em 1850, apenas 50 estabelecimentos industriais funcionavam no Brasil. Em 1844, com a lei Alves Branco, tentou-se proteger a nascente indústria brasileira.

Como o comércio está em grande parte atrelado à indústria, que permite a frequência da oferta, nota-se aí a dificuldade inicial do varejo brasileiro. A inexistência de infraestrutura, como estradas e meios de transporte, e a concentração para formar uma base de mercado fazem surgir também no Brasil a comercialização pelo caixeiro viajante. Só que no caso brasileiro, o varejo era feito pelo tropeiro.

Las Casas (2004, p. 23) explica que o papel do tropeiro visava substituir o bandeirante como fator de expansão. Tal trabalhador transportava mercadorias, pessoas, dinheiro, notícias e correspondência postal, intermediando todas estas transações importantes. O tropeiro movia-se vagarosamente de vila em vila, de fazenda em fazenda, pelas estradas abertas pelos bandeirantes.

Portanto, caracterizando o tropeiro como uma figura mercantilista, observa-se que ele teve papel fundamental nos primórdios do varejo brasileiro. Acompanhando a expansão da cana-de-açúcar nos períodos iniciais do Brasil, o gado expandia-se em todas as direções, sendo utilizado principalmente para o carregamento de alimentos para os habitantes do sertão, sendo, portanto, verdadeiro elo entre litoral e interior brasileiros.

Alguns autores afirmam que a navegação de cabotagem e fluvial eram as únicas vias de transportes existentes no Brasil, pois estradas de rodagem não existiam. Eram apenas caminhos abertos pelos bandeirantes, sendo alguns simples atalhos no meio da floresta. Foi durante o Segundo Império que surgiram as estradas de ferro e apareceram as estradas definitivas, desenvolvendo-se também as comunicações. Nesta época, surgiram as primeiras casas de comércio varejista de maior porte.

O crescimento do comércio brasileiro ocorreu na época da República, conforme Las Casas (2004, p. 24). Cita-se na história o nome de Irineu Evangelista de Sousa, como um dos importantes comerciantes da época, mais tarde conhecido como Barão e Visconde de Mauá. Foi um grande comerciante e fez conquistas comerciais. Ele fundou bancos, construiu estradas de ferro, patrocinou companhias de iluminação a gás no Rio de Janeiro e estaleiros industriais, além de outros feitos.

A partir desse período, outros novos varejistas apareceram no Brasil, comprovando esta tendência de crescimento. Em 1871, foi fundada a Casa Massom. Em 1906, as Lojas Pernambucanas abriram suas portas, com a especialidade de comercializar tecidos. Em 1912, era inaugurada a Mesbla.

Percebe-se que, pela evolução histórica tanto do varejo brasileiro como o de outros países, eles estão diretamente relacionados ao cenário em que se assentam, à infraestrutura das cidades. Além disso, necessitam principalmente de uma concentração mercadológica que pressupõe a existência de pessoas, dinheiro, autoridade para comprar e, evidentemente, disposição para comprar. Adicionalmente à facilidade de transporte e comunicações, é determinante para o crescimento varejista o próprio crescimento das cidades. Basta comparar o comércio varejista de algumas capitais mais populosas com o das cidades interioranas para constatar tais evoluções.

Um período importante para o varejo foi a adoção do autosserviço, uma forma de venda em que o consumidor escolhe os produtos que deseja comprar, com liberdade para retirá-los da gôndola, escolher o que for mais conveniente e levá-los até a caixa registradora para pagá-los sem interferência de qualquer funcionário da loja.

O autosserviço teve origem no início do século XX, considera Silva (1990, p. 24). O começo foi em 1948, quando Michael Ulher iniciou a venda à vista, eliminando o processo de caderneta. Em 1896, em New London, Frank Munsey inaugurou uma loja onde apareciam, pela primeira vez, produtos expostos, os quais os clientes podiam apanhar, pagar e levar para casa.

Em 1912, a Atlantic and Pacific tentou convencer o congresso norte-americano a proibir o novo sistema. Sendo a maior cadeia de varejos da época, procurou provar que o novo sistema representava concorrência desleal. Para fundamentar a sua teoria, foi aberta uma loja de autosserviço em frente ao seu principal concorrente e, em seis meses, ele entrou em falência. O congresso concluiu que o novo sistema era inteiramente do agrado do público e denegou a pretendida lei. Naquele mesmo ano, as lojas de autosserviço, na Califórnia, Estados Unidos, passaram a denominar-se *self service* que, em português, significa autosserviço.

Mais novidades chegaram em 1916. Clarence Sauders introduziu o sistema de pagamento na porta da loja, colocando as caixas registradoras em balcões, até hoje conhecidos por *check-outs*. Franklin P. Davis introduziu em sua loja produtos perecíveis e a cestinha de compras para facilitar a visita do consumidor.

Silva (1990, p. 24) afirma que, em 1918, Joe Weingarten inaugurou o que realmente era o primeiro supermercado nos Estados Unidos. A loja vendia só à vista, as compras eram cobradas em *check-outs*, havia vários departamentos incluindo, além da mercearia tradicional, também carnes, frutas, legumes, verduras, frios e laticínios, além de padaria e outras seções. Todo o sistema funcionava por autosserviço. A loja também contava com os carrinhos de compras.

O que motivou o sucesso do modelo norte-americano no Brasil foi o autoatendimento. De acordo com Sousa (2002, p. 99), o que encantou aqueles primeiros clientes foi que a nova modalidade de comércio lhe dava o prazer de ele mesmo escolher os produtos que comprava, o que não ocorria nos armazéns e mercearias existentes na época.

Outra novidade, citada por Cavalcanti e Chagas (2006, p. 133), foi que as gôndolas passaram a colocar o consumidor diante de produtos semelhantes, concorrentes. Os detergentes de todas as marcas ficavam na gôndola de detergentes, assim como acontece com os sabonetes, amaciantes de roupas e assim por diante.

O supermercado influenciou também no grafismo e na forma de colocar as embalagens: em pé, exposta para o consumidor, como incentivo à venda e economizando espaço em exposição na gôndola e não mais deitada na pilha que o vendedor tirava da prateleira. O supermercado trouxe também o conceito da multiplicação. O produto A, que antes se perpetuava no mercado, se multiplicava em diferentes sabores e tamanhos, para melhor ocupar espaço na gôndola. As versões *diet* e *light*, assim como os sabores laranja e abacaxi do produto A, ajudavam a diminuir o espaço dos concorrentes.

Essa liberdade de escolha experimentada pelo consumidor foi a responsável pela propagação do novo modelo, tanto nas grandes cidades, quanto em todo o País. A aceitação foi tão grande que, em uma década e meio de vida do autosserviço, esse novo formato comercial era adotado por mais de 600 lojas em todo o território nacional.

O fenômeno do autosserviço é extraordinário. Nas estimativas de Cavalcanti e Chagas (2006, p. 135), no início da década de 1960, existiam cerca de cem lojas de supermercados em todo o Brasil. Atualmente, esse número chega a 50 mil lojas de autosserviço, nos quais os produtos alimentícios, de higiene e limpeza, concentram mais de 80% das vendas.

Os supermercados também responderam por uma mudança de comportamento do consumidor. Ele passou a fazer compras maiores nos supermercados e esses estabelecimentos conseguiam oferecer preços mais baixos do que o pequeno armazém da esquina. Desta forma, os consumidores preferiam comprar no supermercado, porque custava menos e ali se podia encontrar tudo no mesmo lugar.

As indústrias de bebidas, por exemplo, aumentaram sua presença com o aparecimento desse comércio. Continuaram presentes em todo o canto, mas sem dúvida ganharam um ponto de venda com notável capacidade de fazer as pessoas consumirem mais.

O crescimento do varejo possibilitou sua classificação em diversas divisões. Há lojas de departamento, lojas independentes, lojas de conveniência, lojas em cadeia, cooperativas, lojas especializadas, supermercados, hipermercados, lojas de vizinhança e varejos virtuais.

Nas próximas páginas, serão explicados alguns desses formatos, detalhando as principais características dos primeiros varejistas de alimentos, os armazéns e mercearias, que foram substituídos pelo autosserviço alimentar, encontrado nas divisões supermercados e hipermercados e no formato loja de vizinhança, que está concentrando a atenção do consumidor nos últimos tempos.

1.1. Armazéns e mercearias

Antes de 1930, a maioria dos alimentos era comprada em pequenos mercados de vizinhança, conhecidos como mercearias, pertencentes e operados por famílias. Segundo Manfredini (2003, p. 8), nessa época, o varejista não dispunha de sistemas avançados de informática. Mas, graças ao contato direto com o cliente, sabia muito bem quais serviços e produtos oferecer. Para os ricos, mercadorias importadas. Aos pobres, itens básicos e baratos. Ainda que intuitivamente, o dono da mercearia tinha um foco de atendimento claramente direcionado ao público que frequentava a sua loja.

A população crescia nas áreas urbanas, acompanhando a evolução da industrialização. Em 1920, São Paulo contava com 3.629 estabelecimentos industriais e 203.736 operários, dos quais cerca de 55 mil eram trabalhadores autônomos, dedicados à construção civil e aos serviços.

Além das feiras livres, o abastecimento dos paulistanos era realizado através de mercados nos quais se vendiam a produção dos arredores e o excedente produzido em cidades mais distantes, como Jundiaí. Uma rede de armazéns de secos e molhados espalhava-se pelos bairros, nos quais também circulavam vendedores ambulantes, atividade exercida por muitos italianos que ofereciam, de porta em porta, frutas, hortaliças, peixes e camarões frescos.

A maioria da população antes de 1930 registrava baixo nível de renda e o consumo era restrito à satisfação das necessidades básicas.

Rodrigues (1993, p. 15) cita que a compra de alimentos era realizada em estabelecimentos comerciais tradicionais, como armazéns, empórios ou mercearias, nos quais era comum um empírico sistema de crédito, a caderneta, em açougues, ou diretamente com os vendedores ambulantes, como o batateiro, o verdureiro e o peixeiro, sempre dispostos a adiar o pagamento até a outra semana.

Em 1947, um novo sistema começava a ser implantado no Brasil. Era o autosserviço, lembra Blessa (2003, p. 165). Seu início ocorreu por meio de algumas cooperativas de consumo fechadas para funcionários de empresas, como a Cooperativa da Tecelagem Parayba, em São José dos Campos (SP). O formato adotado na ocasião era o de um armazém, onde o consumidor era atendido no balcão, solicitando a quantidade que quisesse de produtos como arroz, feijão e açúcar.

Um modelo de cooperativa que permanece até hoje é a Coop – Cooperativa de Consumo – considerada a maior cooperativa de consumo da América Latina, em número de unidades de abastecimento, fornecimento/vendas e quantidade de funcionários. De acordo com Médici (2004, p. 38), no começo a Coop funcionou como um grande armazém de secos e molhados. Mas tinha suas peculiaridades. O principal sistema de entrega de mercadorias era a domicílio. O cooperado preenchia um formulário de pedidos, no qual estavam discriminadas todas as mercadorias disponíveis, não perecíveis. Fazia seu pedido por escrito. Entregava num posto avançado em seu local de trabalho. Dois ou três dias após, recebia em casa as mercadorias solicitadas.

Os valores eram debitados ao cooperado em folha de pagamento, como acontece hoje com o CCF – Cartão de Controle de Fornecimento – que a Coop mantém em convênio com muitas empresas. Os funcionários das empresas conveniadas fazem as compras na Coop, apresentam o CCF e nesse cartão são discriminados todos os valores de compra. Volta para a empresa e é descontado do funcionário em folha de pagamento.

Médici (2004, p. 50) explica que a Coop substituiu o modelo de atendimento no balcão pelo do autosserviço em junho de 1957. A partir desta data, o cooperado, ao ingressar na Cooperativa, passava por uma "borboleta", tomava o carrinho apropriado, servia-se, pagava no caixa e saía, sem a necessidade de recorrer aos antigos balconistas.

O sistema foi implantado nos moldes das organizações particulares existentes em São Paulo e das organizações cooperativistas de Porto Alegre, como a Cooperativa de Consumo dos Empregados das Indústrias Renner e Cooperativa de Consumo dos Bancários de Porto Alegre.

Também foram seguidas as recomendações contidas na publicação nº 205 do Departamento de Assistência ao Cooperativismo: "*Self-service* nas Cooperativas (servir-se a si mesmo), fixado em dezembro de 1952, conforme cita Médici (2004, p. 51). A Coop foi a primeira cooperativa de São Paulo e a terceira do Brasil a adotar um pegue-e-pague.

1.2. Supermercados

Os primeiros supermercados brasileiros abertos ao público foram o Sirva-se, em São Paulo, em 1953, o Peg-Pag, em 1954 e o Disco, no Rio de Janeiro, em 1956. Os armazéns e mercearias de pequeno porte tiveram que adaptar-se àquela nova forma de comercialização, vista ainda com um pouco de desconfiança pelos consumidores. Afinal, antes eles estavam acostumados a serem servidos e não a servirem-se.

Sousa (2002, p. 99) relata que a novidade surpreendeu o público. Os consumidores pensavam que as novas lojas eram luxuosas e mais caras, já que os supermercados nasceram maiores do que os armazéns procurados para compras na época. Na verdade, os depósitos das lojas tinham sido transformados em área de vendas, por isso, passavam a sensação de serem enormes.

Além da impressão de praticar preços mais caros, havia outro fator que inibia as visitas dos consumidores. Na entrada da loja havia uma catraca, destinada a contar visitantes e evitar furtos. Os consumidores pensavam que o mecanismo obrigava-os a pagar para entrar. Com o fim delas, os clientes começaram a frequentar as novas lojas sem medo.

Porém, as barreiras não paravam por aí. Como o sistema era novo, era necessário ensinar o consumidor a comprar. Os consumidores tinham dúvidas e cabia aos funcionários orientá-los, acompanhando-os e ajudando-os nas compras. Alguns consumidores pensavam que tinham de pagar assim que retirassem o produto da prateleira. Outros puxavam o carrinho, em vez de empurrá-lo.

Nos supermercados, tudo era pago à vista. Era o fim das cadernetas, onde eram anotadas as compras dos clientes, com acertos no fim do mês. As vantagens surgiram para ambos. Para o consumidor, os gastos foram reduzidos, enquanto que para o varejista, os ganhos apareciam no giro e a inadimplência foi eliminada.

Há 30 anos, os produtos mais vendidos nos supermercados eram alimentos, comercializados a granel, menciona Blessa (2003, p. 165). Mesmo os produtos consumidos por impulso, como chocolates, eram expostos em caixas fechadas, embaladas pelas próprias lojas. Aos poucos, foram introduzidos no *mix* do autosserviço itens não alimentícios, especialmente nos hipermercados.

Nos tempos de inflação galopante, verificados em meados da década de 1970 até o Plano Real, nascido em 1994, as pessoas tendiam a fazer compras mais agrupadas, por mês, por quinze dias, e depois por semana e até todos os dias, para aproveitar o preço da oportunidade e preservar o poder de compra dos salários, relata Cavalcanti e Chagas (2006, p. 135).

Os planos econômicos afetaram muito as atividades dos supermercados no Brasil. No Plano Cruzado, decretado em 1986, os "fiscais do Sarney" (consumidores atentos para os aumentos de preços) verificavam diariamente os preços dos produtos. Com o controle de preços, mais pessoas tinham acesso ao consumo de massa, mas a indústria não estava preparada para tamanho aumento do mercado consumidor e muitas fábricas boicotavam o Plano, pressionando por aumentos de preços e deixando de entregar mercadorias no varejo. O resultado, narra Cavalcanti e Chagas (2006, p. 134), eram prateleiras vazias nos supermercados.

O autosserviço alimentar evoluiu ao longo dos anos e atualmente está dividido no formato supermercado, que pode ser classificado como compacto caracterizado pelo sistema de autoatendimento, *check-outs* e produtos dispostos de maneira acessível, que permitem aos clientes "auto servirem-se", utilizando cestas e carrinhos, explica Parente (2000, p. 32).

Os supermercados compactos têm de dois a seis *check-outs*, possuem uma área de vendas entre 300 e 700 metros quadrados e apresentam uma linha completa, porém compacta, de produtos alimentícios, que chega, em média, a quatro mil itens, oferecendo uma linha restrita nas seções de mercearia e bazar. Representam a maioria das unidades de autosserviço no Brasil e, em geral, pertencem a operadores independentes.

De acordo com estudos do Instituto ACNielsen, pode-se estimar que os supermercados compactos sejam responsáveis por cerca de ¼ da distribuição de alimentos no Brasil.

Existem também os supermercados convencionais, descritos por PARENTE (2000, p. 32):

> São supermercados de porte médio, que mantêm o caráter essencialmente de loja de alimentos, apresentando boa variedade de produtos. A maioria das redes de supermercados no Brasil opera grande número de lojas que são classificadas como supermercados convencionais, como, por exemplo: G. Barbosa, em Aracaju, Epa, em Belo Horizonte, Zona Sul, no Rio de Janeiro, Pão de Açúcar, em São Paulo. Extrapolando-se os dados do Censo Nielsen, verifica-se a importância desse modelo de loja, pois existem cerca de 3.000 unidades, as quais representam ¼ do varejo brasileiro de alimentos.

De acordo com estimativas do Instituto ACNielsen, esse formato de loja tem uma área de vendas entre 700 e 3 mil metros quadrados e contam com sete a 20 *check-outs*. A linha de mercadorias fica em torno de 9 mil itens e, além das seções oferecidas pelo modelo compacto, os supermercados convencionais também operam com padaria e peixaria.

As lojas convencionais são o modelo mais comum entre as redes de supermercados, considera Ratto (2004, p. 237). Normalmente, são bem localizadas e têm grande penetração em regiões de médio e alto poder aquisitivo, onde a não disponibilidade de áreas dificulta a construção de superlojas e hipermercados.

As lojas convencionais tendem a ser confortáveis, com variedade razoável. Seu faturamento é concentrado no público da vizinhança e, por isso, elas têm condições de enfrentar de forma competitiva a concorrência de lojas maiores, porém mais distantes.

Segundo o Instituto ACNielsen, somam atualmente cerca de 3 mil lojas. Têm uma fatia de mercado semelhante a dos supermercados compactos, muito mais numerosos. Deve-se mencionar também as superlojas, cuja área de vendas têm entre 3 e 5 mil metros quadrados, e de 20 a 40 *check-outs*. Oferecem cerca de 15 mil itens, com ampla variedade nas seções típicas dos supermercados. Podem trabalhar também com rotisseria e uma grande variedade de seções não-alimentares, incluindo produtos como cama, mesa e banho, papelaria, têxtil, CDs e DVDs, eletrodomésticos e eletrônicos.

As superlojas podem ser caracterizadas como supermercados extremamente atrativos, com condições de competir na área de alimentação com os hipermercados, com grande facilidade. Esse formato de loja deve ter, necessariamente, condições de oferecer um bom nível de serviços, como estacionamento com maior número de vagas, ar condicionado na área de vendas, corredores largos, boa iluminação e equipamentos de exposição modernos. Existem hoje de 400 a 500 dessas lojas no Brasil, com participação no mercado de cerca de 15% do varejo de alimentos.

Além de representar um importante canal de abastecimento para o brasileiro, os supermercados deram início a uma nova tendência: a compra por impulso. Afinal o consumidor passa a comprar num local onde há uma grande variedade de marcas e produtos, sente-se atraído pelas embalagens e por uma série de técnicas de *merchandising* e promoções, transformando seus hábitos de consumo.

A introdução e o aperfeiçoamento do sistema de autosserviço provocou uma revolução na comercialização de alimentos no mundo e no Brasil também, respondendo por uma mudança definitiva nas relações entre o cliente e o varejo.

Além de afetar a área de alimentos, o modelo influenciou todo o varejo. Serviu de referência para outros segmentos, que acabaram adotando, com maior ou menor intensidade, o sistema de autosserviço e as técnicas operacionais surgidas nos supermercados.

Pode-se incluir, como exemplo, o autoatendimento adotado em lojas de material de construção, papelarias, lojas de departamento, estabelecimentos que deixam o consumidor à vontade para escolher seus produtos e levá-los ao *check-out* para pagamento, com pouca (ou quase nenhuma) interferência de funcionários.

O autoatendimento é uma das características mais importantes do autosserviço. No entanto, pode haver na loja atendimento em áreas específicas, principalmente nas seções de produtos perecíveis. Na alimentação, a linha básica de mercadorias compreende produtos não perecíveis de mercearia, frutas, legumes, verduras, carnes e aves, frios, laticínios e alimentos congelados. Em não-alimentos, estão itens de higiene pessoal, perfumaria, limpeza e outros produtos de uso doméstico.

O autosserviço brasileiro conta também com o modelo de superlojas, representadas por grandes supermercados, de cerca de 4 mil metros quadrados e 30 *check-outs*, que apresentam completa linha de produtos perecíveis, explica Parente (2000, p. 32). Apesar de serem lojas predominantemente de alimentos, oferecem também razoável gama de produtos não-alimentícios, inclusive têxteis e eletrônicos. Alguns exemplos dessas unidades são os supermercados Via Brasil, em Belo Horizonte (MG), D'Avó, em São Paulo (SP), Angeloni, em Santa Catarina e Companhia Zaffari, em Porto Alegre (RS).

1.3. Hipermercados

Os hipermercados são representados por grandes lojas de autosserviço, com cerca de 10 mil metros quadrados, que apresentam variedade expressiva, com cerca de 50 mil itens de produtos alimentícios e não alimentícios, define Parente (2000, p. 32). Pelos itens variados e preços competitivos, vêm registrando grande aceitação por parte dos consumidores brasileiros, especialmente nas grandes cidades, pois oferecem ao consumidor a conveniência de fazer todas as compras em um único lugar.

A grande diferença entre uma superloja e um hipermercado está no destaque que é dado para o setor de não-alimentos – uma área maior e com variedade muito mais ampla nos hipermercados. Dados do 35º Relatório Anual de Supermercados, publicação da Revista Supermercado Moderno, encarregada de traçar o panorama anual do setor supermercadista, mostram que os hipermercados somaram 357 lojas cadastradas no banco de dados da publicação. O número de lojas em 2005 subiu 5% em relação a 2004, registrando mais 17 lojas.

Os hipermercados podem ser definidos como grandes áreas horizontais que contêm, além de todos os itens encontrados em supermercados, as seções de bens duráveis e semiduráveis como eletrodomésticos, móveis, utensílios domésticos, roupas, confecções, calçados, cama, mesa e banho, caça e pesca, jardinagem, brinquedos, *camping*, lazer e esporte, ferramentas e ferragens, autopeças e acessórios parra carros, papelaria, relojoaria e bijuteria etc.

Os hipermercados surgiram na França, após a Segunda Guerra Mundial, cita Levy e Weitz (2000, p. 59). Construindo grandes lojas nos subúrbios das áreas metropolitanas, os varejistas franceses podiam atrair os clientes e não violar as restritas leis de uso do solo. Em 1987, o primeiro hipermercado foi aberto em Dallas, nos Estados Unidos, pela Walmart e a Cullum. Seu nome era Hypermart USA. A Walmart era responsável pela mercadoria da loja de descontos e a Cullum operava o negócio de mantimentos.

Os hipermercados não foram bem-sucedidos nos Estados Unidos. As leis de uso do solo são muito menos restritivas nos Estados Unidos do que na Europa, portanto, os consumidores americanos podiam comprar em qualquer outro lugar as mercadorias vendidas nos hipermercados.

Nos Estados Unidos, as lojas de descontos estão frequentemente localizadas a intervalos de, aproximadamente, cinco quilômetros nas áreas metropolitanas e os supermercados aparecem em intervalos até menores.

Enquanto a compra de mantimentos e mercadorias em geral na mesma loja atraía alguns consumidores, muitos clientes norte-americanos consideravam a compra em lojas com mais de 18.500 metros quadrados uma perda de tempo. Eles justificam sua opinião alegando que era difícil encontrar a mercadoria e as filas nos caixas podiam ser muito longas.

No Brasil, o formato hipermercado é representado por marcas como Carrefour, Extra (Grupo Pão de Açúcar), Hiper Bompreço, Bon Marché (Grupo Sendas) e o Super Center Walmart.

Independente do formato ou da bandeira, uma questão unânime entre os varejistas é a busca pela fidelização do cliente. Isso significa manter clientes que gostam da mesma loja para comprar um tipo de mercadoria e visitam-na habitualmente.

As mudanças no perfil do consumo estão desencadeando a revisão do formato hipermercado, que renova conceitos e dimensões, na tentativa de se enquadrar na compra do dia a dia, com opções de rotisseria, sanduíches e variedades em frutas, legumes e verduras. Em novembro de 2003, o Extra, bandeira de hipermercados pertencente ao Grupo Pão de Açúcar, inaugurou dois hipermercados compactos, com metade da área de vendas dos tradicionais e foco na área de alimentos, especialmente nas seções de perecíveis.

De acordo com Campos (2004, p. 36), um dos destaques da loja Extra é a seção de frutas, legumes e verduras, com produtos sempre frescos, que podem ser adquiridos *in natura* ou já lavados e prontos para consumo. Com investimentos de R$ 15 milhões para cada uma, as lojas mantiveram a mesma identidade visual e padrão Extra e localizaram-se nos bairros populares de São Miguel Paulista, na zona leste de São Paulo, e em Pilares, na zona norte do Rio de Janeiro. Os estabelecimentos têm entre 5 mil e 5,5 mil metros quadrados de área de vendas e operam 50 mil itens, entre alimentos e não-alimentos. O *mix* é enxuto e definido segundo o público ao redor, das classes C e D.

Apesar de não afirmar que os hipermercados compactos são uma tendência, a diretora da divisão Extra, Maria Aparecida da Costa Gomes, (*apud* CAMPOS, 2004, p. 36) reconheceu que: "as pessoas estão com menos tempo para fazer compras, estão buscando conveniência e não querem andar muito dentro de uma loja".

O 35º Relatório Anual 2006, publicação especializada em retratar e analisar o setor supermercadista brasileiro, editada pela Revista Supermercado Moderno, informa que a abertura de hipermercados compactos voltados, sobretudo, para as classes C e D é outra explicação para o avanço do formato em 2005 (Manfredini, 2006, p. 61). Além das grandes redes, o formato hipermercado também tem sido opção de empresas médias e pequenas para crescer junto ao público de baixo poder aquisitivo. As empresas que lideraram a fila de inaugurações de hipermercados em 2005 foram Carrefour, Walmart e a bandeira Extra, do Grupo Pão de Açúcar.

1.4. Lojas de vizinhança

Desde que a febre das aquisições, que transformou o varejo brasileiro, começou a baixar, uma tendência tomou conta do mercado: os investimentos de grandes redes em lojas de vizinhança. De acordo com Paula (2002, p. 46), a loja de vizinhança concentra compras de reposição, ou seja, aquela em que o consumidor vai para se reabastecer. O tíquete médio relativo é baixo e a frequência é alta, para comprar poucos itens.

A atração da loja de vizinhança é a proximidade, pois os clientes, independente da classe social, moram, trabalham ou circulam perto dela. Pode ser popular ou sofisticada. O *mix* normalmente varia de 5 mil a 12 mil itens e é focado em perecíveis, como pães, laticínios, frios fatiados, verduras, legumes e frutas.

As lojas de vizinhança têm quatro grandes pontos de diferenciação: *mix,* serviços, limpeza e atendimento. A começar pelo sortimento, a oferta de perecíveis é grande, os serviços são variados, inclusive com entrega em domicílio e horário de operação mais extenso, de acordo com a conveniência do consumidor, ambiente limpo e agradável e mantém uma relação de proximidade com o cliente, a fim de conhecer seus hábitos de consumo.

Os concorrentes dos supermercados de vizinhança são ambulantes que vendem frutas, a quitanda, a padaria, o açougue, ou seja, lojas especializadas em algumas categorias.

Essa tendência voltada a lojas de vizinhança levou a rede CompreBem a mudar de identidade, como resultado de um amplo estudo do Grupo Pão de Açúcar, que incluiu pesquisas com mais de 15 mil consumidores, tanto nas lojas quanto nos domicílios, além de estudos no Brasil e no exterior sobre modelos de loja.

A empresa chegou então a um formato que posiciona o CompreBem como uma rede de vizinhança, oferecendo soluções para o dia a dia do cliente, com diferenciais em preço, variedade de marcas e atendimento. Suas 124 unidades, com áreas de venda que variam entre 400 e 3 mil metros quadrados, passaram por um processo de reposicionamento estratégico e foram totalmente remodeladas, incluindo mais serviços, como entrega em domicílio em até seis horas, o pagamento de contas de água, luz, telefone e outros nos *check-outs*, atraindo fluxo de consumidores.

A rede Walmart também investiu no formato de loja de vizinhança com a bandeira Todo Dia. A ideia é atender o consumidor local, que reside nas proximidades da loja, oferecendo a ele tudo o que necessita para seu dia a dia, sem que tenha que se deslocar para um hipermercado distante.

Esse formato também está no alvo da rede Carrefour. Nos últimos dois anos, nas estimativas de Morita (2006, p. 72), 34 lojas da bandeira Champion, pertencentes a rede francesa, que operam como supermercados de vizinhança, foram fechadas. O Carrefour anunciou que serão mantidas cerca de 30 lojas em Minas Gerais, Brasília e São Paulo. Tais unidades mudarão de nome para Carrefour Bairro, um novo formato inaugurado no final de 2005 na capital paulistana. São lojas compactas, adaptadas aos hábitos e necessidades dos clientes da região onde está localizada. Seu objetivo é atender também às compras de reposição.

Na opinião do consultor de varejo Eugênio Foganholo (*apud* Paula, 2002, p. 49), as lojas de vizinhança devem criar ambientes para destacar os perecíveis, concentrar a atenção de materiais de *merchandising* nas seções de perecíveis, para destacar um de seus diferenciais, fazer bom uso da comunicação visual, demarcando bem cada seção, aproveitando melhor as paredes ou criando comunicação e decoração aéreas.

A loja de vizinhança também adotou a reciclagem de conceitos em seu *mix*. Ao constatar que não deveria competir com preços baixos para produtos da cesta básica – pois essa é a estratégia adotada por hipermercados ou lojas de grande superfície, em que as margens de lucro são reduzidas e o giro é elevado – esse formato percebeu que deveria atender as compras de rotina e de consumo imediato de um público situado num raio de um a dois quilômetros da loja. Desta forma, as seções mais importantes passaram a ser padaria, frutas, legumes e verduras, açougue e rotisseria.

Desta forma, os produtos frescos hoje representam 60% da área de vendas, quando a participação mal chegava a 40% há duas décadas. De olho na variedade, o *mix* aumentou de 13 a 14 mil itens ante 5 mil a 60 mil nos anos 1990, valorizando produtos complementares.

Apesar dos investimentos recentes das redes varejistas, os supermercados de bairro, também conhecidos como lojas de vizinhança, não são formatos novos no varejo brasileiro, mas não se nega que ganharam espaço por causa da sua proximidade com o consumidor e por dar prioridade ao sortimento de reposição.

1.5. Varejo atual

O início da década de 90 representou uma alteração no foco de atenção do varejo brasileiro. A preocupação voltada para lojas e produtos, marcante nas décadas anteriores, foi substituída pela atenção ao cliente.

Nas considerações de Souza e Serrentino (2002, p. 95), as empresas passaram a concentrar esforços para conhecer melhor seus clientes nesse período, a partir de hábitos, atitudes e padrões de comportamento, e a estratégia voltou-se para o atendimento de suas necessidades. Surgia a segmentação de mercado, dando origem ao marketing de nichos, em que marcas e lojas posicionaram-se e voltaram seu foco para grupos de consumidores com características similares de comportamento.

Os primeiros anos da década de 90 no Brasil repetiram os acontecimentos dos anos anteriores, com o agravante da explosão da inflação, que chegou a atingir 83% ao mês em 1990. Os sucessivos planos econômicos inibiram a expansão das empresas e a regra passou a ser a sobrevivência.

As empresas que conseguiram se manter no mercado foram obrigadas a reduzir a linha de produtos e os espaços de loja, fechando unidades e contraindo operações para tentar sobreviver.

O período Collor e a abertura de mercado representaram para o varejo a possibilidade de buscar diferenciais por meio de produtos até então inacessíveis, mas a inflação e a instabilidade econômica inibiram tentativas mais ousadas nas áreas de alimentos, eletrodomésticos e vestuário.

Essas tentativas só se consolidaram quando, à abertura de mercado, somou-se a estabilidade política e econômica, inserindo de fato o varejo brasileiro na rota do abastecimento global, nas considerações de Souza & Serrentino (2002, p. 95). Esse período representou a grande virada na gestão de produtos no setor varejistas e a possibilidade de criação de diferenciações.

Um dos fatos mais marcantes do período do Plano Real foi o início de um intenso movimento de fusões e aquisições. Esse processo inicialmente envolveu empresas nacionais, como Grupo Pão de Açúcar, Ponto Frio e Casas Bahia.

O período marcou também a entrada de grupos internacionais, devido à recessão registrada em 1998 e 1999, associada à menor perspectiva de crescimento da economia europeia ocidental. Esses grupos aproveitaram a desvalorização dos ativos em dólar das empresas varejistas para aumentar suas participações de mercado.

Na ocasião, o Brasil presenciou a entrada de operadores varejistas como Sonae, Ahold e Jerónimo Martins e o aumento da força do

Carrefour. Todos foram para o mesmo caminho, ou seja, a aquisição de redes menores e foram seguidos pelos grupos nacionais que ainda podiam fazê-lo para não perderem participação de mercado.

A vinda dos gigantes do varejo internacional para o Brasil trouxe também novos formatos de varejo, entre eles os *supercenters* e os clubes de compras, trazidos pelo Walmart, a partir de 1995.

Era a oportunidade também para o surgimento de supermercados diferenciados, que apostaram em serviços, equipamentos, instalações e funcionamento em horários alternativos para satisfazer um público muito mais exigente. Em São Paulo, o Pão de Açúcar representava essa diferenciação, no Rio de Janeiro, a tendência era seguida pelo Zona Sul, enquanto os gaúchos contavam com a Companhia Zaffari como exemplo.

A competitividade e a concentração do setor cresceram cada vez mais, levando os líderes do varejo alimentar a diversificar formatos, como alternativa para alcançar públicos diferentes. O Grupo Pão de Açúcar, por exemplo, aperfeiçoou os formatos das marcas Extra, Pão de Açúcar e Compre Bem Barateiro para hipermercados, supermercados e lojas de vizinhança de descontos.

De acordo com Manfredini (2003, p. 8), esses são os exemplos da segmentação de lojas, nascidas para oferecer ao consumidor variedade de itens e serviços mais focados na necessidade de um público específico. A segmentação acontece no caso das grandes redes varejistas, por meio de bandeiras. Dentro de cada bandeira, há as subdivisões, de acordo com o público que frequenta a loja.

Tanto a abertura econômica iniciada em 1990 pelo governo Collor, quanto a estabilização da inflação conseguida pelo Plano Real, em 1994, foram fatores que, combinados, aumentaram a exposição do País aos países mais desenvolvidos. Esses fatores foram chamados por alguns analistas de "inserção do País na economia global". Essa inserção deu-se em várias frentes:

> A gradativa redução das alíquotas de importação abriu o mercado para produtos com mais tecnologia e forçou as empresas brasileiras a atualizarem sua linha de produção, buscarem ganhos de

> produtividade, oferecerem maior variedade e melhores produtos, com preços mais competitivos.
>
> A eliminação das barreiras impostas pela Lei de Informática permitiu o acesso ao que há de mais atualizado em equipamentos e *softwares*.
>
> A queda dos índices de inflação a níveis civilizados, associada à liberação dos entraves para a remessa dos lucros, estimulou grupos multinacionais a investirem no País, tanto aqueles que já aqui operavam, quanto novas empresas, que passaram a ver o mercado brasileiro como uma oportunidade de expansão.
>
> (RATTO, 2004, p. 14)

Atualmente, a concentração no setor varejista tem aumentado de modo expressivo. As empresas estão aumentando sua participação de mercado, graças à abertura de novas lojas e, principalmente, aos processos de fusão e incorporação de concorrentes.

Outro fenômeno diz respeito à entrada de multinacionais no mercado brasileiro. Algumas montaram sua operação própria, como o Walmart, a maior empresa de varejo do mundo. Outras compraram empresas locais, como fizeram a rede varejista portuguesa Sonae e a holandesa Royal Ahold. Incluem-se também as empresas que se associam a grupos brasileiros, como o grupo francês Casino, que adquiriu uma expressiva participação no Pão de Açúcar.

Diante desses acontecimentos, considera-se que a introdução e o aperfeiçoamento do sistema de autosserviço revolucionaram a comercialização de alimentos no Brasil e no mundo, mudando definitivamente a relação entre o cliente e o estabelecimento comercial.

As mudanças da sociedade brasileira ficaram gravadas no autosserviço alimentar, acompanhadas por supermercados e hipermercados. Graças às modificações impostas por novos hábitos e planos econômicos, o autosserviço foi obrigado a revisar seus conceitos.

O mercado caminhou rapidamente para a concentração, acirrando ainda mais a competitividade num cenário em que as vendas permaneciam praticamente estagnadas desde 1995, considera Campos

(2004, p. 33). O objetivo era conquistar um consumidor mais maduro, que aprendeu a valorizar seu dinheiro, tornou-se mais exigente em termos de atendimento, qualidade e preço e em consequência, menos fiel a marcas e a pontos de venda.

O movimento de fusões e aquisições impôs padrões mais avançados de gestão, operação e tecnologia. Com isso, redes estrangeiras como Walmart, Sonae, Jerònimo Martins, Royal Ahold e Casino, movimentaram o mercado e ajudaram a promover a evolução do setor no Brasil.

Segundo análises feitas no 35º Relatório Anual 2006, publicação da Revista Supermercado Moderno destinada aos setores de supermercados e hipermercados, em 2005, as redes Walmart, Carrefour e Pão Açúcar esforçaram-se para superar a concorrência. Porém, o resultado não foi o mesmo para todos. Enquanto o Walmart registrou um crescimento real no faturamento de 9% em relação a 2004, o próprio Pão de Açúcar caiu 1% e o Carrefour, 3%. (Morita, 2006, p. 67).

Em 2005, o autosserviço alimentar brasileiro faturou R$ 106,4 bilhões, com crescimento nominal de 7,8% sobre o ano anterior. De acordo com o Ranking da Associação Brasileira de Supermercados (Abras) 2006, com este faturamento, o setor mantém a participação de 5,5% no Produto Interno Bruto (PIB), que, segundo o Instituto Brasileiro de Geografia e Estatística (IBGE), foi de R$ 1,938 trilhão. (Lukianocenko, 2006, p. 27).

O número de lojas no setor supermercadista brasileiro fechou 2005 com 72.884 unidades, comparadas ao ano de 2004, que somavam 71.951 lojas. Para o consultor de supermercados José Milton Dallari, nos últimos dez anos, principalmente a classe média teve uma perda de renda de quase 30% afetando diretamente o melhor desempenho nas vendas do setor supermercadista (*apud* Lukianocenko, 2006, p. 27).

O crescimento acelerado do varejo brasileiro vem acontecendo há dez anos. Mesmo com as crises econômicas, que provocaram recessão no País, a atividade varejista se ampliou, ganhou sofisticação, segmentou-se e especializou-se.

Nota-se que o principal efeito desse processo foi a valorização do setor varejista. Os exemplos são o maior espaço nos jornais e nas revistas de negócios para reportagens sobre o andamento da atividade comercial. Somente o setor de varejo ganhou a atenção de uma imprensa especializada, criada para atender suas necessidades.

As associações de supermercados e editoras independentes lançaram títulos no mercado que conquistaram leitores fiéis, formados por empresários de todos os portes, ansiosos em aprender práticas que fizeram sucesso em outras regiões, em outros formatos e até mesmo ações realizadas nas lojas concorrentes.

Alguns títulos disponíveis no segmento são SuperHiper, vinculada à Associação Brasileira de Supermercados (Abras), Supervarejo, da Associação Paulista de Supermercados (Apas), Supermercado Moderno e Giro News, ambas de editoras independentes.

As escolas e universidades criaram cursos específicos para a área, buscando formar profissionais cada vez mais especializados no contexto do varejo, para adequá-lo a necessidade e gosto de um consumidor mais exigente a cada dia. Observa-se também que o número de consultorias aumentou, oferecendo serviços cada vez mais especializados.

A atividade varejista brasileira ganhou atenções de grandes grupos multinacionais, como Walmart, Carrefour e Sonae, como empresas do setor de varejo de alimentos. Os investimentos dessas empresas no Brasil vêm crescendo, junto à participação no País. Essas empresas consideram o País uma alternativa interessante para a expansão de seus negócios.

De acordo com Ratto (2004, p. 15), o número de aquisições e fusões também cresce, aumentando o poder de negociação das maiores empresas e alterando a relação de forças que o varejo mantinha com a indústria. À medida que as empresas se expandem, passam a adotar mecanismos que colaborem para um desenvolvimento sustentável. Entre eles, estão recursos de tecnologia da informação e gestão, modernização do sistema de distribuição, alternativas de logística etc. A comunicação também é incluída nesse universo, já que assume um papel importante, que é comunicar as diferenciações que as empresas varejistas adotaram para destacar-se no mercado.

Essas transformações não estão vinculadas apenas às grandes empresas. Naturalmente que é mais fácil acompanhar as modificações em grandes companhias, diante da visibilidade delas na imprensa. Mas as mudanças estão atingindo todo o mercado.

Nas considerações de Souza & Serrentino (2002, p. 194), uma profunda transformação foi registrada na gestão de negócios, com a tecnologia fazendo-se presente cada vez mais, como forma de racionalização e prestação de melhores serviços aos consumidores e ainda, uma tática para reduzir custos.

Uma forte transformação na logística também ocorreu no varejo, permitindo a movimentação mais rápida de produtos, com custos menores, ampliando a cobertura de mercado das empresas. Essa modificação permitiu também a terceirização de atividades. Varejistas puderam cuidar melhor de sua atividade básica – atendimento mais eficiente prestado aos clientes – em vez de atuarem como operadores logísticos.

O período também foi marcado por mudanças nas operações de financiamento, com expansão da participação dos cartões de crédito, atingindo parcelas mais amplas do mercado. Com isso, a participação das financeiras cresceu, tais empresas assumiram também as carteiras de crédito dos varejistas, igualmente permitindo a concentração do varejo em suas atividades principais. A expansão do *private label*, por exemplo, resume essa busca do varejo em proporcionar ao consumidor maior oferta de crédito.

No Brasil, todo esse cenário determinou mais concentração e internacionalização do varejo sem precedentes, que afeta diretamente pequenas e médias organizações varejistas, em especial, nos setores de alimentos, produtos de limpeza, eletrodomésticos, móveis e utilidades domésticas e, em menor escala, vestuário e complementos de moda.

Mas é bom lembrar também que esse processo influencia os fornecedores de produtos e serviços ao varejo que enfrentam um número cada vez menor de grandes organizações, com elevado poder de negociação, numa relação desigual de forças, que também contribui para um nível indesejável de concentração no setor de fornecimento.

É preciso somar a tudo isso o fato de que a pressão fiscal tributária desencadeada nos últimos anos está reduzindo a condição de pequenas e flexíveis redes de lojas de competirem com maiores organizações, mais estruturadas, com maior capacidade de investimentos em lojas, tecnologia, serviços e marketing.

Nesse cenário, é preciso então perguntar que caminhos abrem-se para os pequenos varejos, que precisam e devem ser preservados, até mesmo protegidos, por sua capacidade de geração de emprego e por significarem um contraponto no processo de concentração. Da mesma forma como ocorre no mercado internacional.

O pequeno e médio varejo também precisa promover um crescimento qualitativo em seu negócio, ou seja, investir em tecnologias adequadas, em equipamentos, renovar suas lojas, adequar a sua comunicação, ofertar novos produtos e serviços e aumentar o nível de especialização, tanto da empresa, quanto dos seus funcionários. O objetivo é não poupar esforços para se diferenciar perante o consumidor e, assim, manter a sua competitividade.

Para ajudar no desenvolvimento do pequeno e médio varejo, uma alternativa que está se revelando muito atraente é a filiação às centrais de negócios. Uma central reúne vários varejistas e não tem a proposta única de negociar grande volume de mercadorias a preços mais vantajosos com a indústria.

Uma central colabora também na formação da identidade visual de um estabelecimento, formando mão de obra mais qualificada e até mesmo auxiliando a manter um padrão de comunicação alinhado com a atualidade e com as necessidades de um consumidor cada vez mais exigente.

O faturamento das centrais de negócios em 2005 foi de R$ 14,3 bilhões, um crescimento de 10,7% em relação ao ano de 2004, de acordo com dados da 6ª Pesquisa Abras/SuperHiper de Redes e Associações de Negócios no Brasil, realizada pelo Departamento de Economia e Pesquisa da Abras em parceria com o Ibope Latin Panel.

A gerente de Atendimento do Ibope Latin Panel, Fátima Merlin, avalia que as redes e associações de negócios passam agora por um processo de consolidação. Entre 2000 e 2006, 57% das redes foram criadas. Entre as preocupações dos pequenos supermercadistas filiados às centrais e redes de negócios estão questões de logística, aquisições de novos equipamentos, padronização das lojas e a presença de marcas próprias, relata Leite (2006).

Para o diretor da Gouvêa de Souza & MD, Marcos Gouvêa de Souza, (*apud* Demarchi, 2004) no mundo, cerca de metade do total de estabelecimentos comerciais está integrada a centrais de negócios. Na Europa, por exemplo, as centrais abrangem atualmente mais de 400 mil pontos-de-venda e crescem mais do que o varejo tradicional. A evolução das centrais de negócios brasileiras não é uniforme. O sistema está dando seus primeiros passos no País, ou seja, no início de um ciclo de vida que consiste em quatro etapas. Essa fase inicial é denominada "precursora", momento em que as entidades centralizam suas atenções nas negociações de preços e prazos de pagamento e concentram sua administração em um varejista, membro da entidade.

Na segunda fase, denominada "desenvolvimento", os integrantes da central vivem um compartilhamento de informações, serviços e profissionalização. Essa fase é importante para o negócio, pois define se a associação permanecerá como central de compras ou se vai incorporar um perfil mais empresarial.

Se os integrantes da central optam pelo crescimento, a área de atuação amplia-se de modo significativo. A Comunicação ocupa um papel importante nessa fase, na forma de propaganda integrada.

Demarchi (2004) cita que a próxima fase, denominada "amadurecimento", concentra esforços em formalização de processos, aperfeiçoamento logístico, centralização do recebimento e a ampliação dos serviços financeiros. Nesse momento, a atuação da central ultrapassa uma determinada região e o maior desafio passa a ser a capacidade de formalização ampla das operações dos associados.

Percorrido esse caminho, chega-se à última etapa do desenvolvimento das centrais de negócios, chamada "maturidade plena", que envolve integração tecnológica dos associados, além de sistemas de informações, logística, recebimento e pagamento centralizados.

Considera-se que essa é a fase mais crítica, porque implica em aumento de custos. Em contrapartida, os benefícios aumentam porque ocorre um crescimento no volume de vendas, uma vez que há maior repasse de parte dos descontos conquistados na negociação com os fornecedores para o consumidor.

CAPÍTULO II
COMPORTAMENTO DO CONSUMIDOR – INTERSECÇÃO ENTRE A PSICOLOGIA E O MARKETING

O estudo do comportamento do consumidor é uma disciplina recente. Os primeiros manuais foram escritos na década de 60. Sua origem intelectual, contudo, é muito mais antiga. Mowen e Minor (2005, p. 3) avaliam que, nos primeiros anos do século XX, os escritores começaram a debater de que maneira os anúncios poderiam utilizar princípios psicológicos. Na década de 50, ideias oriundas da Psicologia freudiana foram popularizadas por pesquisadores da motivação e usadas por anunciantes. Entretanto, apenas com o surgimento do conceito de marketing na mesma década, foi reconhecida a necessidade de estudar o comportamento do consumidor.

A orientação de marketing compreende o ponto de vista de que uma indústria é um processo de satisfação do cliente, e não de produção de mercadorias. Uma indústria surge com o cliente e suas necessidades, e não com uma patente, matéria-prima ou habilidade de venda. O reconhecimento de que uma empresa só pode existir na medida em que satisfizer as necessidades e vontades do consumidor, mediante a compreensão total de seus parceiros de troca, isto é, seus clientes, tornam o estudo do consumidor essencial para a adoção de estratégias alinhadas às necessidades de um público alvo.

A Psicologia e outras áreas do conhecimento como Sociologia, Antropologia e Filosofia, auxiliam os profissionais de marketing e comunicação a compreender por que e como os consumidores se comportam quando compram. Desta forma, conceitos como motivação e personalidade, percepção, aprendizado, valores, crenças e atitudes e estilos de vida são úteis na interpretação dos processos de compra e no direcionamento dos esforços do marketing.

Os conceitos dessas áreas fornecem base teórica para a prática da pesquisa e desenvolvimento de produtos, além de direcionar campanhas de publicidade e propaganda destinadas a convencer consumidores sobre as vantagens de determinado produto. Ao mesmo tempo, o estudo do comportamento do consumidor inspira lançamentos de produtos focados no preenchimento de necessidades, ao mesmo tempo, esses estudos direcionam as linhas criativas de campanhas publicitárias, de forma a seduzir consumidores, estimulando-os a procurar por aquele produto no ponto de venda.

Existe um modelo teórico do comportamento do consumidor, abrangendo processos psicológicos de estimulação e percepção, de motivação e personalidade, de experiência passada e informações acumuladas, sendo que aqui estão compreendidos tanto os aspectos de aprendizagem como aqueles provenientes de cultura, grupo e classe social.

Ao mesmo tempo, os estudos de comportamento do consumidor devem envolver os valores e as atitudes decorrentes destes fatores. A partir da análise dessas informações, será possível discutir o processo de compra em vários níveis, desde o reconhecimento de uma necessidade, de um problema, considerando a procura de informações e alternativas e a avaliação das alternativas do bem ou serviço procurados, até o ato da compra em si, terminando na avaliação pós-compra e a significação desta cadeia de consumo para a criação de estratégias de marketing.

O comportamento do consumidor é definido por Mowen e Minor (2005, p. 3) como o estudo das unidades compradoras e dos processos de troca envolvidos na aquisição, no consumo e na disposição de mercadorias, serviços, experiências e ideias. Com base nessa definição simples, são apresentados vários conceitos importantes, como troca, ocorridas entre consumidores e empresas e também entre duas empresas, como em situações de compra industrial. Por fim, elas ocorrem entre os próprios consumidores, como, por exemplo, quando um vizinho pede emprestado uma xícara de açúcar ou um cortador de grama.

Compreender os consumidores e o processo de consumo proporciona uma série de benefícios. Entre esses benefícios, está o auxílio aos gerentes em suas tomadas de decisão, o fornecimento de uma base de conhecimento a partir da qual os pesquisadores de marketing podem analisar os consumidores, o apoio aos legisladores e controladores na criação de leis e regulamentos referentes a compra e venda de mercadorias e serviços e o auxílio ao consumidor na tomada de melhores decisões de compra. Além disso, Mowen e Minor (2005) ponderam que o estudo que envolve o comportamento dos consumidores pode auxiliar a compreender os fatores da ciência social que influenciam o comportamento humano.

A importância de se compreender o consumidor é encontrada na definição de marketing como uma atividade humana direcionada a satisfazer necessidades e vontades por meio de processos de troca humanos. A partir dessa definição, emergem duas atividades-chave do marketing, como explicam MOWEN e MINOR (2005, p. 4):

> A primeira é que os profissionais de marketing tentam satisfazer às necessidades e vontades de seu mercado-alvo. A segunda é que o marketing abrange o estudo do processo de troca por meio do qual duas partes transferem recursos entre si. No processo de troca, as empresas recebem de seus consumidores recursos monetários e outros recursos. Em contrapartida, os consumidores recebem produtos, serviços e outros recursos de valor. Para que os profissionais de marketing criem uma troca bem-sucedida, eles precisam compreender os fatores que influenciam as necessidades e vontades dos consumidores.

Na verdade, o princípio de soberania do consumidor é o ponto central no qual se baseia a área de marketing. De acordo com esse conceito, citado por Mowen e Minor (2005, p. 5), o consumidor deve estar no centro dos esforços de marketing. Conforme explicou Peter Drucker, um renomado estudioso de administração, "marketing é a empresa tomada como um todo, considerada a partir do ponto de vista do seu resultado final, isto é, do ponto de vista do cliente".

2.1. Por que consumimos

Estabelecer diretrizes sobre o comportamento do consumidor é uma tarefa árdua, considerando que existem modelos e mais modelos para entender os processos decisórios do consumidor. Tentar desenvolver um mapa das direções que o consumidor toma no momento da compra é um desafio, porque depende de isolar cada passo que a maioria das pessoas toma quando está decidindo se vai levar para casa tal produto ou tal marca.

Deve-se considerar que há um conjunto de fatores internos e externos que interagem e afetam como o consumidor pensa, avalia e age. Alguns estudiosos do assunto analisam o consumo considerando que tudo que é consumido é decorrente do aprendizado, como a psicóloga Christiane Gade (2003 p. 61), especialista em comportamento do consumidor. Ela menciona, no capítulo três de seu livro, as teorias cognitiva e associativa "Aprendizagem tem sido definido como modificações de respostas em função da experiência" ou ainda, "A maior parte dos comportamentos humanos são aprendidos" e concluindo: "De manhã até a noite e, mesmo ao longo desta, o comportamento humano é de uso e consumo".

O ser humano está exposto a muitos fatores que podem moldar seu comportamento de compra, incluindo motivações internas e influências externas como pressões sociais e atividades do marketing, conforme explicações de Engel, Blackwell e Miniard (2000, p. 92). Os indivíduos organizam esses fatores e decidem de forma lógica e coerente para eles.

Às vezes, a solução de problemas do consumidor depende de ponderação e avaliação cuidadosa dos atributos do produto. O termo tomada de decisão racional é usado com frequência para denominar casos como esse. Comprar e consumir são ações que refletem uma combinação de ambos os benefícios, utilitários e hedonistas.

São muitas variáveis que moldam a tomada de decisão do consumidor, considera Engels, Blackwell e Miniard (2000, p. 93). Algumas delas envolvem diferenças individuais como conhecimento, atitudes, motivação, personalidade, valores e estilo de vida, recursos do consumidor (tempo, dinheiro, capacidades de recepção e processamento da informação), conhecimento (informação armazenada na memória que pode incluir características de produtos e serviços), influências ambientais, cultura, classe social, influência pessoal, família, situação, processos psicológicos e aprendizagem.

Já o comportamento decisório de compra passa por vários estágios até ser efetivado. Tais estágios incluem todas as influências em conjunto e para ser melhor entendido é necessário ter em mente uma situação de compra real. O primeiro passo é o reconhecimento da necessidade de compra do produto, etapa que segue para a busca de informação sobre o produto e o seu devido processamento. Antes de decidir qual é o produto que vai levar para casa, o consumidor avalia a alternativa pré-compra, verificando se as características do produto atendem suas expectativas e preenchem suas necessidades.

O desenrolar desse processo não é demorado, ao contrário, tende a ser rápido demais, conforme observa Engels, Blackwell e Miniard (2000, p. 122):

> Quanto de busca os consumidores empreendem enquanto compram alimentos? Aparentemente muito pouca, levando-se em conta a quantidade de tempo que eles ficam parados em frente às prateleiras que exibem o produto. Num estudo, observadores gravaram a quantidade de tempo invertida pelos consumidores enquanto tomavam suas decisões de compra dentro de quatro categorias diferentes de produto: cereal, café, margarina e pasta de dentes. Na média, os consumidores levaram menos de 12 segundos para tomar cada decisão. E cerca de metade gastou 5 segundos ou menos.

O momento da compra envolve um importante processo de decisão que merece ser investigado. Um comprador passa por diversas fases ao fazer escolhas sobre os produtos e serviços que pretende levar para casa. Esse processo chama-se decisão de compra e inclui cinco estágios: 1) reconhecimento do problema; 2) busca de informações; 3) avaliação das alternativas; 4) decisão de compra e 5) comportamento pós-compra.

Berkowitz *et al.* (2003, p. 153) argumenta que o primeiro estágio do processo de compra está relacionado a percepção de uma diferença entre o ideal de uma pessoa e as situações de fato, grande o suficiente quanto encontrar uma caixa de leite vazia na geladeira.

De posse do reconhecimento de uma necessidade de compra, os consumidores, geralmente, tornam-se mais receptivos à propaganda que eles antes poderiam ter ignorado completamente (ENGELS, BLACKWELL e MINIARD 2000, p. 124). Os anúncios são cada vez mais consultados para fins de informação sobre os produtos, embora o papel de informação da propaganda varie entre produtos e consumidores.

Depois de reconhecer um problema, o consumidor começa a buscar informações, que consiste no segundo estágio do processo de decisão de compra. Neste reconhecimento, o consumidor lista em sua memória as experiências anteriores com produtos ou marcas, uma espécie de busca interna. Para produtos de compra frequente como xampu, isso pode ser suficiente.

Nessa etapa, o consumidor pode recorrer a fontes pessoais, como parentes e amigos, ou seja, pessoas de sua confiança. Organizações de classificação de produtos, órgãos do governo e programas para consumidores podem ser outro banco de informações, capaz de fundamentar a procura do consumidor. Outro caminho é recorrer às fontes de domínio dos profissionais de marketing como informações retiradas de propagandas, interação com vendedores e ações no ponto de venda como abordagens, degustações, entre outras.

Algumas finalidades exercidas pelos anúncios, quando consultados pelos consumidores, mencionadas por estudiosos são a utilização considerável de anúncios na televisão para informações sobre estilo e design, 50% dos entrevistados em um estudo citado por Engels, Blackwell e Miniard (2000, p. 124) compraram o produto depois de ver um anúncio numa revista ou um comercial dele. Anúncios impressos e de televisão são as principais fontes de informações usadas na compra de pequenos aparelhos elétricos e produtos para uso ao ar livre.

O poder de influência do ponto de venda também deve ser considerado. Para Engels, Blackwell e Miniard (2000, p. 124), dois terços de todas as decisões de compra de alimentos são tomadas nas mercearias. Consequentemente, a informação dentro da loja pode exercer uma forte influência na tomada de decisão do consumidor. Pelo menos 40% dos compradores de eletrodomésticos mencionados usam *displays* dentro da loja.

Os consumidores estão sujeitos também às influências situacionais. Os ambientes físicos e sociais, tempo, tarefa e estados antecedentes são as características principais que abrangem uma situação de consumo. No comportamento do consumidor, é importante considerar o impacto potencial de fatores ambientais em três áreas principais: situações de comunicação, compra e uso. A eficácia de mensagens de marketing geralmente pode depender do cenário de comunicação.

Portanto, a situação de compra pode ter uma forte influência no comportamento do consumidor. Propriedades do ambiente de informação, tais como a disponibilidade, a quantidade, o formato e a forma da informação, podem afetar a tomada de decisão. De maneira semelhante, aspectos do ambiente de varejo, incluindo música, *layout*, cores, materiais de ponto de venda e aglomeração, influenciarão os comportamentos de fazer compras e comprar.

Engels, Blackwell e Miniard (2000, p. 518) consideram também que a situação na qual o consumo de produto ocorre pode influenciar no comportamento do consumidor. Frequentemente, os consumidores podem alterar seus padrões de compra dependendo da situação de uso. Uma marca aceitável de cerveja em uma situação pode ser recusada em outra. Compreender essas situações de uso pode ser fundamental para segmentar mercados e desenvolver posicionamentos adequados de produto.

Esse estágio é importante para o consumidor porque sugere critérios para ele utilizar na compra, gera nomes de marcas que poderiam atender aos critérios e desenvolve as percepções de valor do consumidor. Com isso, ele consegue elencar diversas alternativas que atendam às suas expectativas de compra. Desta forma, o consumidor encontra-se no terceiro estágio do processo de compra, que consiste na avaliação das alternativas.

O próximo passo envolve a decisão de compra, determinada por vários fatores. Berkowitz *et al.* (2003, p. 156) sustentam que um consumidor pode comprar logo se as suas marcas preferidas estivessem em promoção ou se o fabricante oferecesse um desconto. Outros fatores que podem influenciar na compra envolvem o ambiente da loja, o prazer da experiência de compra, a capacidade de persuasão dos vendedores, a pressão do tempo e as circunstâncias financeiras, que também poderiam afetar a rapidez da tomada de decisão de compra ou a sua postergação.

O comportamento do consumidor tem uma utilização ampla para a estratégia promocional. Os conceitos do comportamento do consumidor aplicam-se a cada componente do *mix* promocional – desde propaganda e venda pessoal até promoção e relações públicas.

O comportamento no ponto de venda também varia conforme a situação. De acordo com Karsaklian (2004, p. 225), um consumidor tende a:

1) renunciar a compras já decididas há algum tempo;
2) reduzir suas compras impulsivas;
3) trocar de marca quando não encontra aquela procurada.

O antropólogo Paco Underhill também defende a compreensão das situações de consumo. Em seu livro *Vamos às Compras* (1999, p. 37), ele afirma que o tempo que um cliente passa em uma loja é talvez o mais importante fator individual na determinação de quanto comprará. Repetidamente, os estudos de Underhill mostram que, se o cliente está percorrendo toda a loja e pensa em comprar muitas mercadorias, uma boa quantidade de tempo é necessária. Em uma loja de produtos eletrônicos, os não compradores gastavam 5 minutos e 6 segundos na loja, comparados com os 9 minutos e 29 segundos dos compradores, por exemplo.

Underhill (1999, p. 58) menciona a importância de avaliar os resultados dos cartazes ou outros meios de comunicação dentro da loja. Ele relata que é necessário medir quantos consumidores olham para os cartazes. Depois, precisa saber se olharam o tempo suficiente para ler seus dizeres. O antropólogo cita a existência de empresas que medem a legibilidade de cartazes mostrando-os para pessoas com capacetes de alta tecnologia que medem os mínimos movimentos do globo ocular. Mas isso não dirá se o cartaz foi afixado no lugar certo. Ele convida a refletir sobre os espaços que receberão os cartazes:

> Você não pode simplesmente dar uma olhada na loja, descobrir onde há pontos vazios nas paredes e colocar os cartazes ali. Você não pode simplesmente abrir um espaço em um balcão e despejar ali todas as comunicações da loja. Toda loja é um conjunto de zonas e precisa ser mapeado antes de afixar qualquer cartaz. Você precisa levantar e caminhar pela loja, perguntando-se a cada passo: o que os fregueses estarão fazendo aqui? E aqui? O que seus olhos estarão focalizando quando estiverem aqui? Nesta zona, as pessoas estarão andando rápido, portanto, uma mensagem deverá ser curta e incisiva para atrair a atenção. Acolá estarão passeando, de modo que você poderá fornecer um pouco mais de detalhe. (UNDERHILL, 1999, p. 60)

A cada dia, ressalta-se a importância do ponto de venda como palco de mais decisões de compra. Os clientes têm renda disponível e mentes abertas e estão cedendo aos seus impulsos. O impacto do marketing da marca e da propaganda tradicional tornou-se difuso porque as pessoas estão saturadas deles. O papel do *merchandising* nunca foi tão importante.

Desta forma, o planejamento na área de vendas assume mais importância, uma vez que cada consumidor reage de maneira diversa a um estímulo, dependendo do ambiente familiar, da personalidade, de sua situação econômica e classe social, da convivência com parentes, amigos e colegas de trabalho e de suas leituras, só para citar alguns aspectos. Além disso, a interação entre indivíduos e a convivência na sociedade fazem com que comportamentos e valores pessoais se transformem no decorrer do tempo.

A última etapa envolve o pós-compra, momento em que o consumidor avalia o valor do produto adquirido no consumo ou no uso do dia a dia. Após comprar um produto, o consumidor compara-o com as suas expectativas e fica satisfeito ou insatisfeito. Se o consumidor ficou insatisfeito, os profissionais de marketing precisam decidir se o produto era deficiente ou se as expectativas do consumidor eram elevadas demais face às características do produto.

A sensibilidade ao consumo ou a experiência de uso do consumidor são fundamentais na sua percepção de valor. Estudos feitos por Berkowitz *et al.* (2003, p. 157) mostram que a satisfação ou a insatisfação do consumidor afetam as comunicações e o comportamento de compra repetida do consumidor. Compradores satisfeitos contam sua experiência para três outras pessoas. Já os insatisfeitos reclamam para nove pessoas. Os compradores satisfeitos também tendem a comprar do mesmo vendedor cada vez que surgir uma ocasião de compra.

O impacto financeiro do comportamento de compra repetida é significativo. Diversas empresas estão destinando verbas expressivas para avaliar o comportamento pós-compra, a fim de aumentar a satisfação e a retenção dos clientes. Para isso, as empresas oferecem números de telefone para ligação gratuita, políticas de troca e reembolso, além de treinar exaustivamente suas equipes para lidar com reclamações, responder a perguntas e registrar sugestões.

Tais cuidados são necessários, uma vez que o processo de compra abrange diversas fases e, para o desenvolvimento de cada estágio, é necessário estruturar ações a fim de garantir o êxito da empresa e a tão sonhada satisfação do consumidor. Esses fatores motivam profissionais de marketing e de comunicação a pensar em estratégias.

A estratégia de marketing é implementada por meio do desenvolvimento da segmentação, do posicionamento e dos objetivos de *mix* de marketing para um produto. A segmentação refere-se à divisão do mercado em subconjuntos relativamente homogêneos de consumidores que possuem necessidades e vontades semelhantes, explica Mowen e Minor (2005, p. 16). Posicionamento implica em influenciar o modo como os consumidores veem as características de uma marca em relação à concorrência. A fim de implementar os objetivos de segmentação e posicionamento, o vendedor ou profissional de marketing desenvolve uma estratégia formada pelo próprio produto, juntamente ao modo como seu preço é estabelecido, como é feita sua promoção e distribuição.

Para desenvolver uma estratégia, o vendedor deve considerar estudos de análise de ambiente, a fim de identificar os prováveis efeitos das influências desse ambiente:

> O profissional de marketing utiliza pesquisa de mercado para obter informações a respeito de consumidores individuais. Baseados na análise do ambiente e na pesquisa de mercado, os gerentes desenvolvem estratégias de posicionamento e segmentação, as quais são implementadas por meio do *mix de* marketing. As descobertas e ideias sobre o comportamento do consumidor são essenciais para o desenvolvimento da estratégia de marketing.
>
> (MOWEN e MINOR, 2005, p. 16)

Desta forma, os profissionais do varejo devem ser especializados em identificar exigências e padrões de consumo. O desafio é entender como as pessoas estabelecem necessidades e desejos e formam seus conceitos em relação à compra e aos estabelecimentos comerciais.

2.2. Fatores psicológicos e pessoais no comportamento do consumidor

O modelo teórico do comportamento do consumidor abrange os processos psicológicos básicos de estimulação e percepção, de motivação e personalidade, de experiência passada e informações acumuladas. Nesse item, estão envolvidos os aspectos de aprendizagem, de cultura, grupo e classe social, uma vez que são vistos os valores e as atitudes decorrentes destes fatores, os padrões de resposta e processos comparativos.

É necessário frisar que o comportamento do consumidor varia de acordo com o produto ou o serviço que esteja adquirindo. Quando compra, por exemplo, gêneros alimentícios, ele pode valorizar aspectos predominantemente objetivos, como preço, localização da loja, variedade de mercadorias e rapidez no serviço. No entanto, para comprar roupas, o mesmo consumidor pode considerar aspectos mais subjetivos como a grife, o ambiente da loja, a apresentação e o estilo dos vendedores.

Os fatores pessoais ou variáveis demográficas permitem traçar perfis de consumidores que, por sua vez, ajudam a entender as necessidades e desejos de consumo de vários segmentos distintos. Sexo, posição no ciclo de vida e formas de estilo de vida são variáveis a se considerar.

Entre os fatores externos que atuam sobre o comportamento do consumidor, é importante mencionar que o sexo, masculino ou feminino, é fator determinante para o consumo em virtude das exigências culturais que norteiam o uso e consumo de produtos vinculados ao desempenho de papel sociocultural. O aparelho de barba para o sexo masculino e o sutiã para o sexo feminino são alguns exemplos citados por Gade (2003, p. 169). A idade é variável que implica consumo de produtos específicos como itens dentários, com o uso de pastas e cremes que aliviam as dores da primeira dentição, passando por pastas e cremes dentais que branqueiam os dentes do fumante adulto, até as pastas e cremes que visam dar maior segurança aos portadores de dentaduras postiças na terceira idade.

Desta forma, percebe-se que o consumo de produtos e serviços também depende de maneira significativa da posição no ciclo de vida no qual o consumidor se encontra, derivando desde suas necessidades e desejos. Ao longo da vida adulta, existem três grandes estágios importantes para o consumo – jovem, meia-idade, idoso – que, consequentemente, implicam em mudanças no consumo.

Gade (2003, p. 170) explica esses estágios e relaciona o tipo de consumo mais frequente em cada um:

> **Jovens solteiros** – formados por jovens adultos, abaixo dos 35 anos, que vivem com a família ou sozinhos, sendo que a primeira categoria tem o consumo orientado para bens de consumo pessoal enquanto a segunda, além deste, consome também itens para a casa.
>
> **Recém-casados** – casal jovem, sem filhos, concentra suas compras e consumo em bens duráveis, além de produtos e serviços relacionados a lazer, passeios.
>
> **Ninho I** – composto por casal jovem, com filhos pequenos, o que implica a aquisição e uso de produtos e serviços infantis.

Mãe ou pai solteiros jovens – Na maioria dos casos, uma mãe que não se casou ou se separou e está criando os filhos pequenos sozinha. Seu consumo se caracteriza pela necessidade de serviços e produtos que possam facilitar esta tarefa, principalmente quando trabalha, porém conta com menos recursos financeiros.

Solteiros (as) de meia idade – Pessoas de 35 a 64 anos, sozinhas, ou porque não se uniram a ninguém ou porque se separaram e não tem filhos. Dispõem de renda para si e consomem serviços de saúde, turismo, locação de fitas de vídeo, além de produtos pessoais.

Ninho vazio I – casais de meia-idade, sem crianças em casa. Frequentemente os dois trabalham e dispõem da sua renda para gastar com facilidades ou conveniências.

Ninho II – casais dos 35 aos 64 anos, com crianças, pré-adolescentes ou adolescentes, têm o consumo típico das necessidades dos jovens e da família. Seu domicílio geralmente é maior. Consomem serviços médicos e dentários, gastam com ensino, esportes, eletrodomésticos, seu lazer inclui os jovens.

Mãe ou pai solteiros de meia-idade – carregam as responsabilidades da família sozinhos, com reflexo no consumo que, apesar das mesmas demandas do item anterior, frequentemente, tem que ser reduzido devido à única fonte de renda. Os filhos, quando adolescentes, passam a ser decisores para vários itens de consumo, principalmente alimentação, que compram e consomem sozinhos.

Ninho vazio II – casais acima dos 65 anos, em geral aposentados, com saúde, energia e forma física reduzida, assim como com a renda frequentemente menor. Consumidores de lazer, turismo e serviços médicos. Muito sensíveis à segurança.

Solteiros idosos – pessoas acima de 65 anos, sozinhas, geralmente do sexo feminino, pois as mulheres apresentam maior longevidade do que os homens, consumidora ou usuária dos itens acima mencionados, porém, sensível não só à segurança, como a atividades grupais; renda menor.

O ato de comprar não surge do nada. Seu ponto de partida é a motivação, que vai conduzir a uma necessidade, a qual por sua vez, despertará um desejo. Com base em tal desejo, surgem as preferências por determinadas formas específicas de atender à motivação inicial e essas preferências estarão diretamente relacionadas ao autoconceito. Desta forma, o consumidor tenderá a escolher um produto que corresponda ao conceito que ele tem ou que gostaria de ter de si mesmo. No entanto, e em sentido contrário à motivação, surgem os freios. Trata-se da consciência de risco que vem implícita ou explicitamente relacionada com o produto, considera Karsaklian (2004, p. 20).

A reunião de todas essas variáveis resultará numa percepção particular dos produtos, que, por sua vez, desencadeará atitudes positivas ou negativas com relação a eles, o que, naturalmente, terá impacto sobre suas preferências.

Encerrado esse ciclo, o consumidor terá aprendido diversos fatores sobre os produtos e sobre si mesmo, o que tornará seu comportamento mais previsível, do ponto de vista mercadológico.

Ao longo dos anos, muitos autores, pertencentes a diferentes escolas de pensamento, desenvolveram teorias, por meio das quais tentaram refletir e explicar os processos internos do comportamento do consumidor. A primeira escola a preocupar-se em explicar o comportamento de compra foi a escola de pensamento econômico. Na realidade, os economistas não se limitaram a propor um esquema de explicação do consumo, mas elaboraram um modelo completo da teoria da demanda.

O comportamento do consumidor foi, desde o início, analisado como uma opção, isto é, uma repartição dos bens, em quantidade limitada, entre necessidades inesgotáveis. Assim, o modelo de base dos economistas faz da preferência sua variável central: aquilo que o consumidor compra e consome exprime a prioridade da escolha dele.

Os profissionais de marketing rejeitaram a abordagem econômica como modelo explicativo do comportamento do consumidor. Eles reconhecem os fundamentos de sua orientação inicial, uma vez que o consumo é o objetivo principal da atividade de produção, mas criticam suas hipóteses simplistas e sua óptica normativa. Inúmeros aperfeiçoamentos vieram a corrigir o modelo inicial, mas as hipóteses de base da teoria, principalmente a da maximização da satisfação, não podem representar a explicação central do consumo.

A herança deixada pelos economistas, segundo Karsaklian (2004, p. 23) é sentida hoje, principalmente pela orientação cognitivista que durante muito tempo dominou as pesquisas feitas sobre os consumidores. A abordagem cognitivista salienta a maneira como um indivíduo adquire, processa e utiliza a informação disponível. Ela dedica-se a compreender como a escolha dos produtos e das marcas se dá com base em uma avaliação mais ou menos racional das características da oferta. Seguindo a orientação dessa escola e para saber por que o consumidor se comporta de tal ou tal maneira, é necessário estudar as motivações dos indivíduos.

A base das motivações encontra-se na questão do equilíbrio psicológico do indivíduo. A descoberta de uma necessidade leva o indivíduo a uma situação de desconforto. É por essa razão que ele tem motivação suficiente para procurar uma solução que possibilite o retorno a seu estado de equilíbrio psicológico, ou seja, a satisfação da necessidade em questão.

O estudo das motivações do consumidor é fundamental para a estratégia mercadológica das empresas, principalmente no que diz respeito à propaganda, pois seu objetivo é estimular as motivações e reduzir os freios ao consumo do produto. O trabalho feito com as motivações estimulará os desejos do consumidor e, dessa forma, ele deverá optar pelo produto adequado para satisfazer a sua necessidade de base.

A motivação se resume naquelas atividades nas quais há engajamento em direção a um objetivo, pondera Gade (2003, p. 86). Se, após algum tempo sem comer, o estômago tem as contrações características desagradáveis da fome, este estímulo interno levará o indivíduo a ter um comportamento dirigido ao objetivo de reduzir a tensão que está sentindo. A partir daí, ocorre o comportamento motivado, que tenderá a prosseguir até que o objetivo tenha sido alcançado, ou até que intervenha outra motivação. Algo para comer será procurado, o que diminuirá a sensação de desconforto.

Evidentemente estes níveis não independem um do outro, e a satisfação de um nível não elimina a necessidade de satisfação do outro, conforme Gade (2003, p. 89). O que ocorre é uma transformação de valência na dinâmica do indivíduo. Em determinado nível, satisfazer certas necessidades pode ser preponderante, mas simultaneamente poderá haver outros desejos influindo, o que explica por que a análise motivacional nos mostra que a motivação como a personalidade são compostas de vários elementos e nunca de um só fator. Na teoria de Maslow, as necessidades humanas são divididas em fisiológicas, de segurança, afeto, *status* e realização pessoal.

Além da necessidade, outro fator a ser considerado no momento do consumo é a motivação, acompanhada de sentimentos e emoções, como medo, raiva, alegria, tristeza, aceitação, nojo, expectativa e surpresa.

É importante também verificar os fatores de personalidade para adequar o produto aos consumidores que pretende atingir. Um dos conceitos da dinâmica da personalidade pesquisados em relação ao consumo é o de identificação. Tanto baseado no modelo psicológico enquanto mecanismo de socialização, quanto baseado no modelo da teoria de aprendizagem que dá maior ênfase à imitação. (GADE, 2003, p. 121).

A motivação também tem sido estudada em *marketing* e em relação ao consumo, e aqui os motivos têm sido divididos em primários e seletivos, racionais e emocionais, de fidelidade, conscientes e inconscientes. Os primários, ligados às necessidades primárias, os seletivos, à escolha, os racionais, a uma ponderação objetiva sobre o objeto de consumo, ao contrário dos emocionais, nos quais pesariam mais fatores subjetivos, como gosto.

Os motivos conscientes seriam aqueles sabidos em nível consciente, os inconscientes, objeto de muita pesquisa, aqueles que nos fazem comprar ou rejeitar determinados produtos por associações inconscientes.

Gade (2003, p. 122) considera ainda a ativação dos processos de compra por dois aspectos, como a força do desejo, ligada a reforçamentos passados, à magnitude da necessidade e aos motivos concorrentes. Devem ser consideradas também as pistas situacionais, que indicariam a probabilidade do consumidor em satisfazer o desejo ou necessidade.

2.3. Fatores sociais e culturais

O contexto pessoal – características do ambiente socioeconômico e cultural em que as pessoas viveram e estão vivendo – influencia gostos e preferências. Consequentemente, o contexto pessoal afeta o comportamento das pessoas como consumidores, no sentido de auxiliá-las a definir o que podem e querem usar, pagar e comprar.

O comportamento humano e o de consumo contemplam uma psicodinâmica interna e a inter-relação desta dinâmica com os fatores externos da sociedade de consumidores. Nas considerações de Sheth, Mittal e Newman (2001, p. 151), o contexto pessoal engloba quatro dimensões, como cultura, instituições e grupos, valor pessoal e a classe social. Entre eles, a cultura e os grupos de referência influenciam os gostos e as preferências dos clientes, e o valor pessoal influencia seus recursos. Esses quatro fatores contextuais formam um canal pelo qual todo o comportamento do consumidor passa. Sem um entendimento desses fatores contextuais, é difícil compreender por que consumidores de diversos países, de diferentes subculturas, de vários meios econômicos e de diferentes religiões, famílias e outras instituições buscam valores diversos no mercado.

Entre os fatores externos que atuam sobre o comportamento do consumidor existem fatores pessoais, variáveis demográficas como o sexo, a idade, a posição no ciclo de vida, a profissão e ocupação, as condições econômicas e o estilo de vida.

O sexo masculino ou feminino é fator determinante para o consumo em virtude das exigências culturais que influenciam o uso e consumo de produtos vinculados ao desempenho de papel sociocultural, avalia Gade (2003, p. 169). A idade é variável que implica consumo de produtos específicos como produtos dentários, por exemplo, com o uso de pastas e cremes que aliviam as dores da primeira dentição, passando por pastas e cremes dentais que branqueiam os dentes do fumante adulto, até as pastas e cremes que visam dar maior segurança aos portadores de dentaduras postiças na terceira idade.

O consumo de produtos e serviços também depende da posição no ciclo de vida no qual o consumidor se encontra, derivando desde suas necessidades e desejos. Ao longo da vida adulta, há três grandes estágios de consumo, como jovem, meia-idade e idoso. Tais estágios apresentam variações e acarretam mudanças no consumo, como foi relatado no parágrafo anterior.

Cultura pode ser definida como o padrão integrado de comportamento humano que inclui pensamento, fala, ação e artefatos, e depende da capacidade do homem para adquirir e transmitir conhecimento às gerações subsequentes. Desta forma, cultura é tudo o que a pessoa aprende e partilha com membros de uma sociedade, inclusive ideias, normas, moral, valores, conhecimento, habilidades, tecnologia, ferramentas, objetos materiais e comportamentos, lembra Sheth, Mittal e Newman (2001, p. 151).

A cultura exclui os instintos herdados geneticamente, já que eles não são aprendidos, e também os comportamentos, conhecimentos e normas individuais, que não são partilhados com outros membros da sociedade. Em certo sentido, a cultura representa uma programação mental coletiva. Ela faz parte do condicionamento do ser humano, partilhado com outros membros do mesmo país, região ou grupo, mas não necessariamente com membros de outras nações, regiões ou grupos.

As pessoas adquirem cultura pelos processos de inculturação e aculturação. A inculturação é o processo de aprender a própria cultura. A aculturação é o processo de aprender uma nova cultura.

Aprender uma cultura implica tornar-se conhecedor de elementos como valores, normas, rituais e mitos. Um exemplo pode ser encontrado nos feriados, tipo de ritual cultural relacionado ao comportamento do cliente. As compras de vários itens concentram-se em torno dos feriados. Em grande parte do mundo ocidental, o Natal é o feriado mais festivo, respondendo por uma porcentagem elevada de compras anuais de bens e serviços opcionais.

Para a maioria dos varejistas ocidentais, os meses de novembro e dezembro são críticos, respondendo por 40% do total das compras efetuadas pelas lojas de departamento concentradas nesses dois meses. As vendas nas joalherias quase triplicam no mês de dezembro.

Nas áreas de marketing e publicidade, é importante investigar o que a cultura determina para o produto, pois o consumo é derivado diretamente da cultura na qual o consumidor está inserido. A cultura pode ser vista como explícita e consistente de comportamentos que ocorrem com regularidade e implícita, consistindo nas premissas de ideias, crenças, normas e valores que determinam o comportamento explícito.

No momento em que se tenta estudar as preferências, gostos e formas de percepção de problemas e tomada de decisão do consumidor, é necessário estudar antes seu tipo de cultura e seus determinantes. Para isso, é importante considerar o aprendizado cultural, a transmissão dos valores, crenças, hábitos e costumes realizada além da família, pela comunicação de massa, pelas várias instituições e grupos sociais que o indivíduo frequenta.

Estudiosos lembram que a primeira cultura a ser aprendida é a transmitida pela família. Este processo tem sido conceituado como socialização. Quando um indivíduo aprende uma segunda cultura, ocorre uma aculturação.

Os valores culturais transmitidos de uma geração a outra sofrem modificações, assim como as próprias pessoas se modificam. Estas mudanças geralmente ocorrem lentamente, mas em certas ocasiões podem ser muito rápidas e violentas, como no caso de revoluções. Em termos de consumo, por exemplo, vários produtos podem ser rejeitados, pois representam ou simbolizam valores ou comportamentos a serem derrubados (GADE, 2003, p. 206). Isto ocorreu na China comunista, que rejeitava os produtos do Ocidente, desde obras de arte até vestuário, como representativos de um sistema cultural-ideológico a ser atacado. A cultura *hippie* tentou encontrar formas alternativas de consumo de vestuário e alimento, voltando-se para o produto não--industrializado em contraposição ao consumo de massa. E gerações inteiras de adolescentes procuram estilos que sejam diferentes do utilizado por seus pais.

As mudanças socioculturais ocorrem a partir das correntes sociais, das tendências para mudança. Quando são estudadas as culturas, não podem ser abandonadas as subculturas, principalmente aquelas que se remetem a grupos religiosos, étnicos ou regionais, uma vez que cada grupo apresenta características culturais próprias, em função das quais se desenvolve um mercado de consumo. Da mesma forma, estas características têm que ser levadas em conta pela publicidade e marketing ao formular suas mensagens persuasivas e distribuir o produto.

A análise de cultura de um grupo, portanto, fornece pistas sobre seu comportamento, inclusive sobre o comportamento de consumo, considera Gade (2003, p. 231). Para tanto, a antropologia tem-se utilizado de técnicas como a pesquisa de campo, trabalhando com observação de massa e participação ativa. Tem-se utilizado técnicas como análise de conteúdo de material verbal ou escrito para determinar os valores e a ideologia vigentes. Uma análise de conteúdo do material publicitário veiculado atualmente permite verificar que o modelo de homem, mulher, criança, da família, do trabalho e do lazer são modelos estereotipados, desvinculados da realidade e normativos, para incrementar o consumo e manter o *status quo* de uma sociedade massificada. Outra forma de análise é a intercultural, que estuda principalmente os motivos e valores ligados ao produto, as formas de decisão e o ato de compra.

2.4. Comportamento de compra em supermercados

Estudar o comportamento de compra do consumidor em supermercados é uma tarefa ampla, uma vez que esse canal de distribuição é frequentado por todas as classes sociais em momentos diferentes de consumo. Entre os destaques atuais, estão os consumidores de baixa renda, público acima de 50 anos, homens, crianças e os adeptos dos alimentos orgânicos. Tais grupos estão concentrando mais atenções tanto do varejo quanto da indústria no desenvolvimento de ações e produtos.

Nos supermercados, consultorias e indústrias estão desenvolvendo estudos específicos para compreender o consumidor no ponto de venda e criando departamentos com essa atribuição também, nomeando-os como Inteligência de Consumo. A Integration Consultoria Empresarial, por exemplo, trabalha com o conceito *shopper*, ou seja, define a pessoa responsável pelas compras da casa.

Entender a dinâmica de compras do consumidor ou do *shopper*, em cada categoria, é importante para desenvolver estratégias que respeitem a sua decisão. A consultora Renata Aisen, da Integration Consultoria Empresarial, por exemplo, observa que 70% dos *shoppers* passam por quase todos os corredores do supermercado, 40% nunca utilizam lista de compras e somente lembram do que precisam quando veem os produtos e metade dos *shoppers* notam promoções de preços e são receptivos a distribuições de amostras e degustações.

Saber que existem categorias em que o *shopper* permanece mais de cinco minutos interagindo com os produtos, comparando benefícios, testando e experimentando é uma poderosa informação, avalia Aisen (2005, p. 129). O desafio é aproveitar esse tempo para comunicar diferenciais e atributos importantes da marca e do supermercado, valorizando o momento e oferecendo uma experiência mais agradável e prazerosa para o consumo.

A consultora Ana Helena Szasz, que também integra a equipe da Integration Consultoria Empresarial, recomenda reservar um dia da semana para ir ao supermercado para conhecer melhor o consumidor, assim como planejar os objetivos da visita. As finalidades podem envolver a análise de uma determinada categoria, observar as compras de consumidores com crianças, ver as preferências dos consumidores com mais de 60 anos.

De acordo com a consultora (Szasz, 2005, p. 185), várias ações podem ser implementadas com o auxílio de observações na área de vendas. Senhores e senhoras aposentados que buscam nas compras uma forma de lazer. Por meio da observação, poderá ser detectado que esses consumidores aproximam-se muito da gôndola porque têm dificuldade de enxergar os preços. Talvez muitos deles tenham deixado de levar os produtos por este motivo e o problema poderia ser resolvido simplesmente aumentando o tamanho da letra da etiqueta de preços.

Na Universidade de Brasília (UnB), um grupo de pesquisadores da área de psicologia dedica-se ao estudo do comportamento do consumidor em supermercados. O grupo de estudos chama-se Consuma e conta com a supervisão do Prof. Dr. Jorge M. Oliveira Castro, do Instituto de Psicologia da UnB.

Uma das pesquisas promovidas pelo Grupo Consuma, feito em 2005, buscou verificar os efeitos dos diferentes tipos de promoção sobre a duração da procura por um produto de compra rotineira em supermercados, como maionese. O método utilizado foi o de observação direta do comportamento dos consumidores, em situação real de compras. A cada observação, foram registrados a duração da procura, número de itens, marcas, preços, número de alternativas de marcas, espaço ocupado na prateleira, número e tipo de acompanhantes, volume do carrinho, além de tipos de promoção na categoria.

A comparação de interesse nesse estudo foi baseada nas durações de procura por uma marca na presença e ausência de promoção, separadas por tipos. Com o intuito de corroborar com resultados de pesquisas anteriores, foram realizadas 561 observações de duração de procura. Dentre essas observações, foram verificadas 143 promoções. Os resultados indicaram que a diferença encontrada foi próxima do nível de significância estipulado. A duração da procura do consumidor pelo produto foi significativamente menor para produtos em promoção.

Os pesquisadores do Grupo Consuma, da UnB, concluíram que as características do ambiente onde a compra ocorre, tais como localização do produto ou loja, anúncios de promoção, cores das embalagens, a presença do atendente, alternativa de marcas, dentre outras, facilitam ou inibem a resposta de consumo, como a escolha de comprar, adiar ou deixar o cenário sem comprar.

Alguns resultados de pesquisa (EHRENBERG e COLS, 1994 *apud* BERTOLDI e CASTRO, 2005), indicaram que comprar uma determinada marca durante promoções faz parte de uma reação seletiva dos consumidores: quando uma marca está disponível a um preço reduzido, alguns consumidores respondem se a marca for familiar, isto é, já consumida antes, mas raramente respondem se a promoção envolver uma marca ainda não testada. Isto explica por que os compradores extras durante as promoções não foram convertidos para as marcas promovidas. Eles já eram consumidores das marcas em promoção. Os dados sugerem, portanto, que promoções baseadas em preço podem estar apenas recompensando os existentes clientes da marca, sem qualquer efeito a médio ou longo prazo.

Os pesquisadores da UnB consideram que a maioria dos consumidores tem um conjunto de duas ou três marcas compradas habitualmente ao longo do tempo, o que faz com que possam rapidamente mudar para uma marca diferente, mas familiar quando está em oferta; comprar uma marca familiar mais uma vez normalmente não aumenta a probabilidade de comprá-la no futuro; às vezes os consumidores experimentam algo novo, devido a busca de variedades ou atividades competitivas, ou ambos. Mas isto geralmente acontece como exceção e esporadicamente para diferentes consumidores. De forma geral, parece que consumidores prestam pouca atenção a marcas pouco familiares, incluindo suas promoções.

Esse estudo, junto a outras pesquisas, auxilia na escolha de estratégias destinadas a conquistar a preferência do consumidor no ponto de venda, tornando-o mais alinhado às suas necessidades. Tal objetivo motiva diversas empresas varejistas a pesquisar o comportamento do consumidor que frequenta suas lojas e inspira os institutos de pesquisa a estudar ainda mais o consumidor em ação.

No início de 2006, o Instituto ACNielsen divulgou os resultados de sua pesquisa, enfocando o consumidor da terceira idade. O levantamento concluiu que 16% da população brasileira têm acima de 50 anos. Há 25 anos, esse percentual era de 11%. Esse público chefia 29% dos lares brasileiros. Em 45% das categorias pesquisadas pelo instituto, o consumo desse público é 7% acima da média. Como exemplo, estão produtos como café solúvel, chá pronto, sopa, água mineral e bebida à base de soja. Ou seja, são consumidores que buscam mais praticidade e produtos mais saudáveis. Esse público também compra mais itens em promoção e gosta de experimentar novidades.

Aisen (2005, p. 84) reflete sobre a maior presença dessa faixa etária acima de 50 anos no mercado de trabalho, colaborando para aumentar seu poder de compra. Isso mostra que a parcela de indivíduos mais velhos não somente cresceu como também viverá mais e terá mais dinheiro para gastar. Será que os supermercados estão preparados para esse cenário?

O supermercado deve adaptar sua estrutura física para respeitar e satisfazer às necessidades desse cliente. Rampas de acesso para as limitações de locomoção, etiquetas de preço maiores para auxiliar a leitura, sinalização clara das seções para facilitar a compra são algumas providências que podem ser tomadas, recomenda Aisen (2005, p. 85), além de auxiliar a compra com funcionários pacientes e didáticos e serviços como entrega em domicílio, convênio com previdência, bancos e planos de saúde.

A classe de baixa renda também representa um segmento de consumo em destaque atualmente, merecendo atenção dos supermercados. O Ibope Latin Panel promoveu um estudo sobre a classe C e concluiu que o consumo dessa classe aumentou no ano passado, chegando a representar 7% mais em volume em função do aumento na renda. Com isso, os gastos cresceram 10%. Tal pesquisa foi feita em 8,2 mil domicílios brasileiros. O levantamento identificou que esse público consome 42 categorias, contra 45 das classes A e B.

No primeiro semestre de 2005, a Escola de Administração de Empresas de São Paulo, ligada à Fundação Getúlio Vargas (EAESP-FGV), fez uma pesquisa sobre o comportamento do consumidor de baixa renda, analisando seus desafios e oportunidades.

O estudo mostrou que existe um rápido crescimento econômico e aumento de renda de países emergentes, como a China e a Índia com mais de 2 bilhões de habitantes. Outra constatação é que centenas de milhões de novos domicílios passaram a ter renda mensal entre US$ 200 e US$ 500. Por conta disso, empresas multinacionais desenvolveram produtos e marcas globais direcionadas para consumidores de países desenvolvidos. Porém, a proposta de valor destes produtos mostra-se pouco adequada para atender às necessidades e prioridades dos novos consumidores dos países emergentes. Outra constatação foi que a participação de mercado das empresas globais declinou a favor das empresas locais, mais ágeis e competentes para atender aos novos mercados.

- Diante disso, a pesquisa concluiu que:
- O mercado de baixa renda oferece grandes oportunidades.
- Dirigentes empresariais mostram forte preconceito em relação ao mercado da baixa renda.
- Preconceitos refletem valores da sociedade brasileira.
- Existe uma grande lacuna em pesquisas e formação de profissionais voltadas para esse mercado.

Há fracassos (ou pouco sucesso) nos novos formatos de varejo de alimentos desenvolvidos para a baixa renda.

Os objetivos da pesquisa foram responder a questões relacionadas ao comportamento do consumidor de baixa renda, as explicações de suas preferências por certas lojas, a razão de que certos formatos varejistas desenvolvidos para esse segmento não terem sucesso e os elementos que influenciam a percepção de valor dos clientes.

Os estudos mostraram que no processo de seleção relacionado à escolha do supermercado em que as compras serão feitas, o consumidor compara lojas concorrentes, é extremamente exigente nessa avaliação, escolhe a loja que lhe oferece a melhor equação de valor ou melhor benefício/custo, além de escolher a melhor experiência de compra.

Esse consumidor entende como valor benefícios como variedade e disponibilidade, qualidade, atendimento e serviços, além de *visual merchandising*. Sua percepção de custo considera o nível de preços, a percepção de preço, as ofertas e as condições de crédito e pagamento a prazo.

Já a experiência de compra é interpretada pelo consumidor como um legítimo pacote de emoções envolvendo aspectos emocionais, que geram grande influência na experiência de compra e quais emoções e sentimentos a loja é capaz de gerar nos clientes. Entre os sentimentos listados pelos consumidores, encontram-se alegria, prazer, afeição, segurança e vida. A pesquisa constatou que o *visual merchandising* exerce grande influência nas emoções dos clientes, provocando neles a sensação de loja com mais valor e, consequentemente, ganhando a sua preferência.

A metodologia considerou pesquisa de campo realizada em outubro de 2004, em bairro de baixa renda na cidade de São Paulo (SP). Foram realizadas entrevistas em profundidade com consumidoras e mapeamento do varejo de alimentos da região. A pesquisa comparou três lojas que representam diferentes formatos de supermercados da região. Foi feito também um levantamento de preços entre essas lojas e duas discussões em grupo (*Focus Group*) com consumidores com renda familiar entre R$ 600 e R$ 1.200.

As lojas pesquisadas possuíam essas características:

Tabela 1 – Características supermercados situados em bairro paulistano de baixa renda

	Loja A	Loja B	Loja C
Porte	Grande	Médio	Pequeno
Área de venda – m^2	2.000	800	400
Variedade de produtos	Grande	Média	Pequena
Padrão nas instalações	Despojada	Médio	Despojada
Qualidade do *Visual Merchandising*	Médio	Ótima	Muito fraca

	Loja A	Loja B	Loja C
Nível de serviços	Médio	Alto	Baixo
Formato de loja	Novo formato desenvolvido para a baixa renda	Supermercado convencional	Novo formato desenvolvido para a baixa renda
Movimento de clientes	Médio	Alto	Baixo
Tempo de operação	3 anos	Mais de 20 anos	3 anos

Fonte: FGV – GVcev

Nos grupos focais, os resultados revelaram o paradoxo entre poder e frustração na compra, com frases de consumidoras como "Me sinto a Gisele Bündchen: linda, maravilhosa, com poder e realizada por fazer minha família feliz" e "Consigo fazer as compras da minha família com o dinheiro que possuo, missão cumprida". Tais manifestações eram contrárias às colhidas que mostravam frustração como "A gente sente um vazio de querer e não poder comprar" ou "Se vou a outro supermercado que tem mais variedade me sinto mal porque não posso comprar tudo que quero".

Os resultados revelaram também os aspectos racionais que estiveram presentes nas compras, constatados por frases como "Estou sempre atenta procurando preço para não pagar mais caro. O meu sentimento é de fiscalização mesmo" ou "O sentimento que eu tenho é de economia. Eu consigo economizar e posso comprar outras coisas".

A pesquisa mostrou também que o ato da compra envolve também uma quebra da rotina. As frases que expressaram esse momento foram: "Lá é o meu *shopping center*, posso passear tranquila, vejo novidades, tem espaço..."; "Entro lá e esqueço da vida, dos problemas, vejo coisas diferentes e bonitas" e "Todos os dias eu acordo, tomo banho, me arrumo toda linda e vou à loja B. É um passeio".

O design nas lojas pesquisadas apresentou diferenças. Na loja A, o ambiente de loja é mais frio, na loja B, há mais vida e na loja C, foi registrada uma sensação de tristeza. As percepções de preço também revelaram diferenças, indicando que o grande volume de produtos expostos transmite imagem de preços baixos. A comunicação dos preços, envolvendo a sinalização de preços e ofertas também ajuda a transmitir a imagem de preços baixos, ocorrendo com mais competência na loja B.

Foi constatado também percepções de qualidade de produtos, com depoimentos de consumidoras que revelaram as diferenças entre as lojas. Na loja A, uma consumidora afirmou que esperava coisa mais chique. Na loja B, a cliente observou que o tratamento dispensado era bom, já que os funcionários conhecem os consumidores e essa cliente sentia-se reconhecida. Já na loja C, a percepção da consumidora era de que estava tudo abandonado, portanto ela não tinha tranquilidade de comprar no estabelecimento, alimentando a impressão de que as mercadorias estariam velhas.

As conclusões da Pesquisa GVcev mostram que:

- O *visual merchandising* age no inconsciente do consumidor e desempenha enorme importância na construção da imagem da loja e na percepção de valor do cliente.
- A empresa tem que oferecer um *mix* de marketing e uma proposta de valor adequados às características, necessidades e aspirações do consumidor de baixa renda.
- consumidor de baixa renda quer ter um sentimento de pertencimento, de inclusão social: ele quer se sentir respeitado.
- A relação desenvolvida com o varejo proporciona uma sensação de confiança mútua que conforta o consumidor.
- A cultura, a linguagem, o *visual merchandising* e a estrutura organizacional devem ser definidas de forma a entender, dialogar e atender adequadamente esses consumidores.
- A loja predileta pelos consumidores foi aquela proveniente do próprio bairro, o que suscita o sentimento de que "é um dos nossos, eu confio nele", sendo assim difícil imaginar que os preços praticados nessa loja seriam mais altos.

- Entender o consumidor de baixa renda não é simples ou trivial. Ainda é necessária muita pesquisa e estudo.
- Não se pode generalizar e acreditar que este é um segmento homogêneo. Deve-se procurar entender as diferenças dos subsegmentos e oferecer soluções adequadas para cada um desses segmentos.

Independente da classe social, o grande desafio do varejo é reconhecer quem está na área de vendas para adaptar a oferta de produtos e serviços, respeitando necessidades específicas. Algumas tendências de novos comportamentos exemplificam bem esse processo e o varejo pode ter uma atuação ativa no alinhamento a esse movimento. Aisen (2005, p. 84), observa que os homens participam, em média, de 40% do fluxo de pessoas num supermercado. No passado, esse número não ultrapassava os 10%. Sem falar que, na maioria das vezes, o sexo masculino era responsável apenas pela compra da cerveja e do carvão para o churrasco. Hoje qualquer homem trafega com desenvoltura por corredores antes exclusivamente frequentados por mulheres, como os de perfumaria e utensílios domésticos.

Trata-se de um novo perfil masculino, que não inclui somente o provedor financeiro, mas também um ser participativo e integrado à família. Mais seguro quanto a esse papel e, portanto, mais vaidoso, sensível e aberto a novidades, esse homem circula pelas lojas em busca de informações para comprar o xampu adequado ao seu tipo de cabelo, acertar a marca de absorvente da esposa e do biscoito com personagem da moda para agradar o filho.

Esse consumidor está disposto, nas considerações de Aisen (2005, p. 84), a gastar com itens antes considerados supérfluos, experimentar lançamentos e pagar mais por uma marca que o valorize como consumidor.

As crianças também são clientes potenciais dos supermercados. Mães estão incentivando seus filhos a participar das visitas aos supermercados. Os pequenos consumidores já influenciam a escolha dos produtos, principalmente, das classes A e B, com menos restrições orçamentárias e grande flexibilidade diante das decisões de compra das crianças.

A abrangência de consumo das crianças vai além dos produtos infantis, considera Aisen (2005, p. 85). Cada vez mais informados, eles opinam sobre diversas categorias, como creme dental, macarrão, pilha, lenço de papel. Ciente disso, a indústria tem procurado lançar os mais variados produtos com apelos para esse público, oferecendo geralmente, itens de maior valor agregado e mais rentáveis. O crescimento da venda dos produtos licenciados, por exemplo, que exerce grande atração nos pequenos consumidores, é um exemplo de maior valor agregado sendo incorporado a produtos como cadernos, biscoitos e balas, por exemplo.

Porém, para atrair a atenção da criança não basta colocar esses produtos nas prateleiras inferiores. Com tantos lançamentos, é necessário destacá-los nas gôndolas, utilizando materiais lúdicos e criativos que incentivem a interação no ponto de venda, afirma Aisen (2005, p. 85).

Outro segmento observado com atenção nos supermercados é formado pelos produtos orgânicos. Apesar de ter conquistado consumidores leais, a linha orgânica ainda é um nicho de mercado que não passa de 5% de participação nas vendas, mas pode ser a aposta para o desenvolvimento de novos negócios, considera Aisen (2005, p. 85). Nos Estados Unidos, esse segmento já é mais maduro e movimenta bilhões de dólares anualmente. Um exemplo é a cadeia varejista Wholefoods, que não se difere muito da loja convencional brasileira, porém fatura US$ 2,3 bilhões ao ano somente com a venda de produtos 100% orgânicos, que vão de alimentos a produtos de higiene pessoal e para a limpeza da casa.

As tendências de consumo não param por aí. Em cada região brasileira, é possível encontrar grupos de consumidores com características específicas, que merecem ações diferenciadas, abordagens personalizadas, produtos customizados por parte do varejo. Para acertar no alvo, é fundamental conhecer o frequentador de um supermercado, não apenas o perfil socioeconômico do indivíduo, mas também seu estilo de vida e necessidades, para o correto desenvolvimento de estratégias de valorização para esse consumidor.

No próximo capítulo, será enfocado o *merchandising*, seu conceito e seu papel atual nos supermercados, como uma estratégia que está conquistando cada vez mais adeptos com o objetivo de encantar o consumidor no ponto de venda.

CAPÍTULO III
MERCHANDISING – TÉCNICA DE SEDUÇÃO NO PONTO DE VENDA

A propaganda procura motivar o consumidor a comprar e a vir na loja para encontrar o produto promovido pelos meios de comunicação de massa. No momento em que o consumidor entra na área de vendas, é a vez do esforço promocional apresentar o produto, completando o trabalho feito pela propaganda, realizando a venda.

O impacto da argumentação é a principal arma da propaganda para atrair a atenção e influenciar o consumidor a tomar a iniciativa de se dirigir à loja de sua preferência, considera Moura (2003, p. 85). Para isso, são acionados vários mecanismos promocionais para destacar o produto, criando efeitos no ambiente para atrair a atenção do consumidor.

Nesse momento, entra em cena um importante componente do marketing, o *merchandising*, que envolve um conjunto de ações no ponto de venda, através de cinco atitudes certas, como o produto certo, preço certo, local certo, quantidade certa e no tempo certo.

Outra finalidade dessa ferramenta é dispensar ao ponto de venda um tratamento especial de mídia, como será enfocado neste capítulo. Dependendo do produto, como bens de consumo não duráveis, por exemplo, grande parte da decisão ocorre na hora da verdade, dentro da loja. Portanto, todos os dispositivos de *merchandising* precisam ser acionados com inteligência, para reter o consumidor o maior tempo possível na área de vendas.

Merchandising é uma área relativamente nova no Brasil e está em franco desenvolvimento, graças às parcerias firmadas entre varejo e indústria com o objetivo de encantar o consumidor no ponto de venda. Ao mesmo tempo, a disputa pela atenção do consumidor na área de vendas e a concorrência acirrada vivida pelo varejo brasileiro são fatores que estimulam a adesão crescente do *merchandising*, como estratégia de diferenciação de produtos, serviços e de marcas adotadas por varejistas como diferencial competitivo, tornando a loja atraente e estimulante.

Utilizar atributos para encantar o consumidor é uma das funções do *merchandising*. Diante disso, supermercados e hipermercados trataram de revisar seus conceitos de exposição e agregar mais valor à ambientação da área de vendas. Para Simone Terra, diretora de pesquisa do Popai Brasil, os pontos de venda estão mais criativos e logicamente quem sai lucrando com isto é o consumidor. Cada um desenvolve sua estratégia, grandes e pequenos pontos de venda, mas a maioria está de olho no ato de compra, vivendo e aprendendo o "chão de loja" como uma oportunidade ou até um diferencial.

3.1. Conceitos e atribuições

De acordo com a *American Marketing Association (AMA)*, *merchandising* é a operação de planejamento necessária para se introduzir no mercado o produto certo, no lugar certo, no tempo certo, em quantidades certas e a preço certo (Longo, 1995, p. 354). Portanto, compete ao *merchandising* a missão de ajustar determinado produto às características do mercado, ficando mais próximo da área sob a responsabilidade do gerente de produto que propriamente do responsável pela comunicação mercadológica.

Longo (1995, p. 354) considera que o *merchandising* está sendo utilizado de maneira incorreta no Brasil, esclarecendo que sua definição, sob a ótica do mercado brasileiro é:

> a) A identificação e exposição espontânea ou comercializada da marca e/ou produto em espaços editoriais dos veículos de comunicação através de:
>
> Eventos e programas produzidos, editados e transmitidos pelas emissoras;
>
> Cobertura jornalística dos eventos;

Transmissão de eventos produzidos por terceiros;

Matérias editadas pelos órgãos de imprensa.

b) Criação e produção de material promocional e peças para exibição e exposição nos pontos de venda, geralmente em complementação às campanhas publicitárias.

(LONGO, 1995, p. 354)

Merchandising está ligado ao marketing, nas explicações de Chalmers (1971, p. 29). Ele considera que marketing é a providência técnica, envolvendo planejamento, movimentação do produto, acompanhamento da fabricação até chegar às mãos do consumidor.

Já *merchandising* engloba um conjunto de ideias e providências ligadas às vendas, agindo mais estreitamente nas áreas de divulgação do produto, da sua revenda e mais diretamente na fase final da consumação, para que o produto seja comprado e gasto pela massa consumidora. Por isso, as experiências classificadas mundialmente como *merchandising* são uma subfunção de marketing, atuando, de preferência, ligadas. As experiências de *merchandising* têm como finalidade contribuir para que o produto seja fabricado com características certas, nas quantidades certas, pelo preço certo, no momento certo e colocado nos pontos (tipo e local dentro da loja) certos com a imagem certa.

O contexto dessas técnicas foi ampliado e definiu a tal ponto com o crescente desenvolvimento dos mercados que, entre 1954 e 1955, as principais indústrias norte-americanas adotaram as experiências de marketing em suas organizações, dispensando a essas atividades um destaque de departamento autônomo, com seu respectivo diretor e auxiliares, incluindo-os no organograma administrativo, entre o presidente da empresa e os demais gerentes executivos. Chalmers (1971, p. 31) considera que esse novo departamento passou a concentrar, sob sua orientação, os encargos de mercadologia e comercialização da empresa, através da planificação da produção industrial e das respectivas vendas, inclusive das tarefas da Promoção de Vendas e Propaganda.

No varejo, o departamento de *merchandising* influi direta e indiretamente sobre os demais setores, desde o da planificação antecipada das compras e das vendas e sua divulgação, até os trabalhos de relações públicas da empresa. Para melhor compreensão do funcionamento do *merchandising*, pode-se dividi-lo em duas partes: técnica do marketing e estratégia do *merchandising*.

Ambas incluem uma série de experiências, normas e princípios, cuja finalidade é movimentar o produto desde a fabricação até o consumidor no espaço de tempo mais curto possível. Essa movimentação é feita por meio de providências oportunas e coordenadas, tomadas para ativar o andamento do produto, nas várias fases do ciclo produção-consumo, por onde o produto terá que caminhar até chegar às mãos do consumidor. Tais providências podem manifestar-se na idealização e apresentação do produto em si; nas características de sua fabricação; na sua mais ampla divulgação; na sua colocação no varejo; na sua plena aceitação final pelo próprio consumidor.

As etapas do ciclo produção-consumo, que estruturam o organismo da empresa, com suas várias funções são as seguintes: produto, fabricação, distribuição, divulgação, varejo, consumo.

CHALMERS (1971, p. 32) enumera alguns exemplos para a melhor compreensão das atividades da técnica do Marketing e a estratégia do *merchandising*. A técnica do marketing liga-se ao mecanismo da planificação da produção em equilíbrio com a política de negócios da empresa. Como exemplo, estão os elementos de marketing, cuja atividade é saber planificar uma distribuição, atingindo os mercados da maneira mais econômica e satisfatória. As providências de marketing na empresa estão relacionadas aos estudos de produtos, pesquisa, análises e planificação da estrutura da produção para nivelamento das quantidades com a distribuição e venda.

A outra etapa compreende a Sistematização das Vendas, resumida a selecionar, treinar, orientar e controlar o pessoal de vendas, interna e externamente, organizando a força de vendas da empresa. Ou seja, o preparo do pessoal de venda para que conheça bem o produto e possa vendê-lo melhor.

A próxima etapa é a divulgação, cujo objetivo é atrair o consumidor aos pontos de venda, com ofertas promocionais atraentes. É levar o produto aos pontos de venda, ao encontro do consumidor, com o auxílio de mensagens corretas de cartazes, *displays*, volantes e expositores, por exemplo, para capitalizar os esforços da propaganda e efetuar vendas extras.

Vender o produto certo, na quantidade certa, no momento certo, pelo preço certo, no menor espaço de tempo possível, obedecendo a um calendário de datas sazonais, ou seja, vinculadas a momentos festivos, como Páscoa, Dia das Mães, Festas Juninas, Natal, entre outras, é um dos elementos do *merchandising*.

Outro elemento é a idealização, vinculada a fazer vendas criativas. Atrair sempre o maior número de clientes para que comprem o produto. Idealizar novos usos e aplicações para o mesmo produto, apresentando novas ofertas, sempre mais atraentes.

Os diferenciais de varejistas aumentam na medida em que o grau de sensibilidade de supermercadistas cresce em relação às demandas, necessidades e individualidades de cada consumidor. Uma loja pode satisfazer a estas necessidades melhor do que outra. Isso pode ser chamado de produtividade em marketing, e os fatores que integram essa produtividade são promoções e *merchandising*.

A cada dia, mais representantes da indústria e do varejo incluem em seu planejamento mais espaço para o *merchandising*. Essa ferramenta está sendo vista como aliada na divulgação de lançamentos, comunicadora de inovações de produtos e cumprindo cada vez mais o papel de veículo de informação para o consumidor. Esses esforços são direcionados para o consumidor, com a finalidade de tornar a experiência de compra mais interessante, atraindo-o para as lojas e aumentando sua fidelidade.

Para chegar a um estágio ideal, considera Ingold e Ribeiro (1994, p. 107), é necessário que os varejistas examinem permanentemente as razões que levam o consumidor à loja. Ele pode visitar estabelecimentos comerciais para repor suas necessidades diárias, como comprar itens de reposição, como pão, leite, frutas, legumes, verduras e outros perecíveis. Outra razão que pode motivar as pessoas a ir fazer compras é a busca de novidades, ou seja, ideias que podem agregar valor ao seu cotidiano.

Se o varejista recebe consumidores de reposição ou compradores de ideias, é necessário pensar como a comunicação da loja pode auxiliar no atendimento desses dois tipos de consumidores. É necessário considerar que muitas vezes, o consumidor visita o supermercado sem ter uma ideia muito clara das refeições que deseja preparar.

Se o consumidor de reposição pretende repor produtos que estão em falta em sua geladeira ou despensa, ou preparar uma refeição para receber amigos ou parentes, o mínimo que se espera de um supermercado é orientar sua compra, informando onde ficam as seções de laticínios, refrigerados, hortifrutigranjeiros, higiene e beleza, entre outras. Para preencher a necessidade desse consumidor, além de informar a localização das seções, o supermercado pode esclarecer sobre a utilização desses itens, orientando a compra com o auxílio da comunicação e do *merchandising*.

Por exemplo, se o consumidor deseja fazer uma macarronada para o jantar, ele poderá visitar a seção de massas e encontrar no mesmo corredor tudo o que precisa, como diferentes formatos de massas, molhos, queijo ralado. O *merchandising* pode desempenhar seu papel de informante do consumidor com sucesso, se puder responder à pergunta: "O que preciso para fazer uma macarronada?"

Ingold e Ribeiro (1994, p. 111), avaliam que, aliado a metodologia de gerenciamento por categorias, o *merchandising* pode auxiliar na organização da loja por categorias. O corredor de massas de um supermercado poderia informar, com o auxílio de *flyers* agrupados em *take-ones* como um consumidor prepara uma massa em 15 ou 30 minutos, transformando-a em uma refeição inspirada na culinária italiana, chinesa, tailandesa ou francesa. Essa comunicação poderia auxiliar também no agrupamento de ideias pelo produto principal da refeição desejada. Alguns exemplos são cinco maneiras de preparar frango, bife, frutos do mar, com todos os ingredientes necessários, num único lugar. Isso significa fazer *merchandising* com mais valor agregado, incorporando centros de ideias, refeições prontas, restaurantes e outras inovações no varejo alimentar. Ao mesmo tempo, o *merchandising* pode desempenhar melhor seu papel de transmitir informação ao consumidor, orientando sua compra e proporcionando-lhe mais satisfação com os produtos comprados.

Um exemplo que pode ser aplicado nesse conceito é a criação de um centro de soluções de limpeza. Indústrias como Reckitt Benckiser e Colgate-Palmolive trouxeram essa ideia de outros países e estão conseguindo implementá-la com sucesso nos supermercados brasileiros. Trata-se de agrupar no mesmo espaço soluções para limpeza de cozinhas, banheiros, pisos, móveis, entre outros espaços presentes no cenário doméstico do consumidor.

Novamente, o *merchandising* ocupa papel de destaque nesse espaço. Com o auxílio de sinalizadores, *wobblers*, *flyers*, testeiras e faixas de gôndola, além da abordagem de promotoras treinadas para conversar com o consumidor, o *merchandising* informa quais são os produtos necessários à limpeza de um carpete de madeira, ou a lavagem completa de uma cozinha, por exemplo.

O que está sendo discutido vai muito além do aumento das vendas de produtos que contam com o apoio do *merchandising*. Nota-se um aumento da competição no varejo brasileiro. Os preços estão sendo praticados em níveis muito próximos. A diferenciação está na prestação de serviços e a cada dia, supermercados investem em alternativas que auxiliem o consumidor a optar por essa ou aquela loja. Serviços de entrega em domicílio, adoção de cartões *private label*, rotisseria com pratos alinhados aos hábitos da região, estão se tornando cada vez mais frequentes. A diferenciação pode estar no *merchandising* como porta-voz de produtos, alternativas de uso e outros atributos da loja.

Atualmente, as indústrias estão colocando mais produtos no mercado e disponibilizando materiais de *merchandising* como apoio para as vendas nos supermercados. Materiais como *wobblers*, *stoppers* e outros estão sendo vistos com mais frequência nas salas dos compradores das grandes redes supermercadistas. A maioria do tempo de negociação entre varejistas e fabricantes é gasto com negociações de preços, mas pouco a pouco, o *merchandising* também vai ocupando seu espaço nessas negociações.

Criar um ambiente de compras é uma das tarefas do *merchandising*. Além do preparo cuidadoso das frases-chaves de publicidade, os títulos dos anúncios, seus comandos, a fim de que se imprima a todas as peças publicitárias o mesmo caráter de unidade.

Depois de todo o esforço do varejo para comprar as mercadorias, planificar as vendas, arrumá-las na área de vendas e anunciá-las, quando um consumidor entra finalmente na loja, o primeiro fato que irá influir em seu espírito é o panorama geral do estabelecimento, o ambiente da loja e elementos como espaço, iluminação, decoração, distribuição dos balcões, localização das vitrinas internas, aspecto dos funcionários, soluções para o trânsito interno, entre outras.

Um ambiente de loja em sintonia com o desejo do consumidor estimula a sua permanência por um período maior na área de vendas e, com isso, incentivando-o a comprar mais. A apresentação física da loja, considera Bernardino *et al.* (2006, p. 105) deve refletir elementos culturais e sociais, sendo fundamental a busca de uma identidade. Tal planejamento requer um projeto de arquitetura e um competente *merchandising*, ou seja, técnicas de apresentação da mercadoria.

O planejamento e a construção de uma loja é tarefa estratégica para o varejo que deseja se sobressair, oferecendo ao consumidor uma experiência agradável de compra. Nota-se que os consumidores atuais estão mais informados, exigentes e sofisticados e o varejo tradicional não pode negar a concorrência com a loja virtual. Esses fatores motivam a construção de lojas mais atraentes e a busca constante por diferenciais. A *designer* Donna Geary (*apud* Bernardino *et al.* 2006, p. 106) revela que, apesar do grande crescimento do varejo eletrônico ou de catálogo, a experiência de um cliente sempre será muito mais rica numa loja física.

Na busca constante pela diferenciação, um conceito que está sendo utilizado com frequência é o *visual merchandising*, que consiste na união de todos os estímulos visuais na área de vendas, abrangendo tudo o que o consumidor percebe. Para Morgado e Gonçalves [*apud* Bernardino *et al.* (2006, p. 106)], o *visual merchandising* vai além do sentido da visão para tornar-se um conceito ampliado de percepção.

Engloba a visualização das cores e suas influências psicológicas, os aromas e suas associações, o prazer de degustar, a atenção para a chamada auditiva ou para os sons musicais e, ainda, a aproximação do produto/mercadoria com o toque.

Com o *visual merchandising*, é possível realçar a apresentação do produto com o objetivo de estimular e encorajar o interesse do consumidor, induzindo-o a comprar. Profissionais que trabalham com esse conceito estudam psicologia, ergonomia e antropometria para elaborar seus projetos de acordo com as características do consumidor.

As vantagens do conceito, do ponto de vista estético, são a impressão favorável e memorável, a simplificação do processo de compra, a indução do consumidor a comprar mais e a retornar, facilitando o trabalho dos vendedores, além de tornar a loja um local divertido e estimulante para se comprar e para se trabalhar.

Do ponto de vista técnico, o *visual merchandising* eleva a produtividade da loja, o giro do estoque, as vendas por metro quadrado e as vendas de mercadorias mais rentáveis, aumentando o tíquete médio e reduzindo a necessidade de remarcação e liquidações, considera Bernardino *et al.* (2006, p. 107).

Para planejar esse conceito na área de vendas, é importante considerar passos como imagem e ambiência; *layout*; apresentação da mercadoria; sinalização; *displays*, eventos e atividades. Esses passos dependem um do outro, uma vez que o emprego em conjunto proporciona um resultado superior à soma de cada um.

Tais aspectos contribuem para a formação de uma imagem de loja favorável ao consumidor. Para encantar o consumidor, algumas técnicas estão sendo utilizadas, apelando para os cinco sentidos como o uso de aromas, iluminação diferenciada e música adequada com o gosto do público e posicionamento da loja.

A fim de acertar na composição de uma imagem que seduza o consumidor, especialistas recomendam que os varejistas cultivem sua capacidade crítica, esquecida muitas vezes no dia a dia das operações da loja. Desta forma, as mercadorias ficam empilhadas nas vitrines e na entrada da loja, dificultando o acesso do consumidor e transmitindo-lhe uma imagem confusa, que deve ser evitada a todo custo.

Após elaborar e executar o planejamento de ações e adotar táticas que favoreçam a formação de uma boa imagem perante o consumidor, o próximo passo consiste na mensuração dos resultados. É importante varejo e indústria avaliarem os resultados obtidos com o trabalho de *merchandising*. Para isso, Silva (1990, p. 20) recomenda fazer algumas perguntas que auxiliarão nos resultados, como o objetivo da operação e qual é o critério de avaliação que será utilizado, o cumprimento de toda a tarefa da operação pela força de vendas, possíveis desvios de planejamento que possam influenciar nos objetivos, estudo sobre as áreas indicadas para executar a operação e os efeitos obtidos sobre as marcas.

Para atingir resultados exemplares, é fundamental planejar as atividades de *merchandising*, uma vez que essa área está assumindo cada vez mais importância no varejo. Pesquisas do Popai Brasil, associação internacional dedicada ao *merchandising* no ponto de venda, com 64 anos de existência e mais de 1.700 membros distribuídos em vários países, mostram a importância desse planejamento.

De acordo com Blessa (2003, p. 77), no Brasil, 40% dos consumidores nunca fazem lista de compras e resolvem a maior parte de suas compras considerando o que têm na memória ou visualizando o produto necessário no ponto de venda. Ela argumenta que os consumidores precisam "ver" as mercadorias para se lembrarem de que precisam delas. Portanto, é muito importante dedicar atenção no momento de arrumar e separar os produtos por categorias.

Mesmo para os outros 47% dos consumidores que fazem lista de compras, nota-se apenas uma média de 12 itens planejados. Considerando que, numa compra mensal, adquire-se uma média de 44 itens, com os 12 listados, percebe-se que os outros 32 produtos (categoria e marca) são escolhidos no local, no momento da compra.

Com isso, chega-se ao maior índice de decisão no ponto de venda do mundo: 85%. A média mundial varia entre 60% e 74%. Portanto, o grau de planejamento de compras do consumidor brasileiro é o mais baixo entre todos os países pesquisados até o momento. Esse índice comprova as teorias de importância desse vasto campo para o *merchandising* e as promoções no ponto de venda, uma vez que disputam a atenção de quem está na dúvida na hora da compra.

Diante do elevado grau de compra por impulso presente no comportamento do consumidor brasileiro, pode-se medir a força do varejo e do marketing como influenciador da decisão de compra da maioria da população.

O ponto de venda assumiu o desafio de educar o consumidor e simplificar o seu processo de escolha e de compra. Apesar de receber impacto de outras mídias, como TV e Internet, 81% dos consumidores decidem a compra no ponto de venda (Turco, 2004, p. 54), conforme pesquisa do Popai Brasil. Dos 49.038 itens comprados durante a pesquisa, 65% não eram planejados, nem produto, nem marca, e 35% eram produtos e/ou marcas planejados. Os produtos com maior índice de compra planejada foram açúcar, sabão em pó, café, arroz, sabonete, creme dental, feijão, frango, entre outros. Já a decisão no ponto de venda ocorreu na compra de calçados, artigos de cama/mesa e banho, bazar, perfumaria, doces e confeitos, pratos congelados, embutidos, salgadinhos, hortifrútis, bebidas alcoólicas, sucos etc.

O estudo do Popai Brasil revelou que 42% dos consumidores admitiam lembrar dos materiais promocionais utilizados nas lojas (Turco, 2004, p. 56). Entre os mais lembrados estão ilhas (54%), cartazes e *banners* (37%), folheto na gôndola (26%), *freezer*/geladeira com marca (13%), cartaz de preço (13%) e *display* (9%). Embalagens promocionais foram citadas por 3% dos entrevistados, tabloides com ofertas por 27% das pessoas. As ações promocionais foram lembradas por 52% dos consumidores, sendo 19% degustação, 18% demonstração do produto e 5% distribuição de amostras.

Tal pesquisa mostra a importância do *merchandising* no ponto de venda, cujo objetivo é prender a atenção do consumidor. O tempo dele para entender e absorver a grande quantidade de marcas existentes no mercado é cada vez mais escasso. (TURCO, 2004, p. 146). Por isso, é preciso oferecer facilidades e novas experiências para o consumidor, que decide a compra por meio da credibilidade e melhor exposição do produto.

Nas considerações de Nigro (2005, p. 119), a evolução do *merchandising* acompanhou a evolução do mercado e hoje as ações são planejadas de acordo com o tamanho da loja e o perfil dos clientes a serem atingidos. O espaço é diferente em cada ponto de venda e isso deve ser levado em conta na criação dos *displays*. Para a criação das peças, é preciso conhecer os locais nos quais serão utilizadas, suas exigências e normas. Isso evita problemas e dificuldades na instalação.

Morita (2005, p. 85) cita estudos do Popai Brasil que indicam que o uso de *displays* eleva as vendas em mais de 7%. Já os demais materiais promocionais, quando usados em um supermercado, chamam a atenção de 42% dos consumidores.

Estudiosos enfatizam a necessidade de promover a satisfação do consumidor na área de vendas. Esse conceito envolve tanto experiências relacionadas com a ação praticada pelo consumidor na loja como passear pela área de vendas, olhar as mercadorias, interagir com o pessoal de vendas, sentir o ambiente, entre outras experiências, como as relacionadas com o consumo de bens e serviços dessa loja. Meira (2001, p. 116) afirma que a satisfação *in store* tem importância crescente. E uma das formas de proporcionar essa satisfação ao consumidor é trabalhar com o sentido da visão, por meio de ações planejadas de *merchandising*.

Para criar uma atmosfera favorável às compras, muitos supermercados estão recorrendo às ambientações que remetem o consumidor a momentos agradáveis. Morita (2006, p. 40) cita o exemplo do Supermercado Mart Plus, rede com seis lojas situadas em Belo Horizonte (MG). Com um ano de operação, o supermercado atende principalmente às classes A e B e tem 1.600 metros quadrados de área de vendas. Voltado sobretudo à compra de reposição, foram criados móveis, objetos decorativos e iluminação especial. Cores e madeiras escuras tornam o ambiente requintado e são uma tendência de decoração bem-aceita por esse público. Na padaria da loja, a ambientação é complementada com forno a lenha e imagens de bules nas paredes.

Para lembrar as fazendas do interior, móveis rústicos decoram o setor de frutas, legumes e verduras. Por serem muito procurados pelas classes A e B, os vinhos são destacados com móveis que imitam barris, parreiras e painéis com uvas translúcidas, criando uma iluminação especial.

Ainda na cidade de Belo Horizonte (MG), outro supermercado também recorreu à comunicação visual e aos recursos de *merchandising* para transmitir ao seu cliente a imagem de loja especializada em alimentos. Penteado (2005, p. 6) relata que na nova loja da rede SuperNosso, inaugurada em setembro de 2005, a comunicação visual mereceu atenção redobrada. Para aguçar o apetite dos clientes, o supermercado foi decorado com imagens de alimentos que dão água na boca. Isso envolveu uma produção de imagens que combinavam comidas e bebidas, já que o objetivo é transmitir ao consumidor que ele está visitando um supermercado voltado para a alimentação, focado no conceito *gourmet*.

Freitas (2006, p. 30) lembra que, há uma década, o *merchandising* no ponto de venda era considerado o filho bastardo do marketing, enquanto as agências de propaganda, a mídia impressa e a TV eram os preferidos das verbas dos anunciantes. À margem dessa abundância, as atividades promocionais no ponto de venda eram despojadas, reduzidas quase a um cartazinho feito à mão. Porém, estudos do Popai – Point of Purchase Advertising International, nos Estados Unidos – mostravam que o *merchandising* no ponto de venda movimentava cifras que não deveriam ser desperdiçadas.

De acordo com a pesquisadora Simone Terra, nos últimos estudos do Popai Brasil, ficou evidente que o consumidor estava mais racional em suas compras e, consequentemente, menos encantado com o ato de ir ao supermercado. A redução do poder de compra e o aumento de gastos com novos produtos que entraram no mercado (celular, Internet, TV a cabo), diminuíram o número de itens comprados nesse canal.

Além de reduzir a cesta habitual de alimentos, o consumidor muitas vezes trocou as marcas líderes por marcas mais baratas, ou mesmo desconhecidas, e o resultado desta mudança se fez presente nos fracos resultados financeiros dos quais o varejo foi vítima no início do século XXI.

Muitos produtos supérfluos ou comprados por impulso foram trocados pela previsão certeira e contida do dinheiro a ser despendido em alimentos. Entretanto o estudo do Popai Brasil também demonstrou que existiam possibilidades de reversão neste quadro, pois além de evidenciar que as novidades ainda mobilizavam a compra (24% dos consumidores compravam algo novo para experimentar), deixou claro que os consumidores estavam fazendo suas compras nos "mercadinhos" de proximidade ou buscando canais mais especializados como hortifrútis, empórios, queijarias, lojas de conveniência e adegas. E, mesmo que a busca destes canais fosse um movimento mais presente no segmento com maior poder de compra, o estudo demonstrou que o consumidor desejava mudanças e inovações no ponto de venda.

A arquitetura de lojas, a exposição do *mix* de produtos e todas as manifestações de comunicação visual em supermercados estão muito desenvolvidas. Novas expressões passaram a fazer parte da cadeia varejista, como "arquitetura de varejo" e "*visual merchandising*", elementos que possibilitam maior valor agregado à marca e ganho de competitividade.

Para se iniciar um projeto de varejo, é preciso definir antes de tudo, qual a imagem que a empresa deve transmitir. Estudar o histórico da empresa e o *briefing* fornecido pelos responsáveis pelo marketing, além de analisar minuciosamente a concorrência, são etapas fundamentais. O varejista deve ter claro o que quer e precisa. Deve conhecer seu produto, público-alvo, posicionamento em relação à concorrência, seu estilo de serviço, localização dos pontos de venda, tipo de instalações de que necessita, volume de recursos para investimento. Precisa, sobretudo, conhecer seu cliente, suas razões de compra, emocionais e racionais.

Em períodos sazonais, o varejo recorre às decorações para conquistar a atenção dos consumidores. No período de Páscoa, por exemplo, os supermercados decoram a área de vendas com parreiras, formato escolhido para expor os ovos de chocolate, decoração esperada pelos consumidores. Barros (2005, p. 22) afirma que é possível agradar o consumidor com novas formas de ambientação, como o exemplo adotado pela rede supermercadista portuguesa Sonae. Em 2000, o grupo Sonae decidiu trazer sua decoração de Páscoa para o chão em suas unidades de Portugal. O objetivo era chamar a atenção, sobretudo, das crianças. Para isso, a decoração montada na época foi a de uma aldeia de Páscoa, com casinhas de papelão e ovos colocados dentro e fora desses espaços. A iniciativa foi um sucesso e a rede obteve uma alta de 40% nas vendas em relação ao ano anterior.

Como pode ser observado nas ações descritas nos parágrafos anteriores, o objetivo do *merchandising* é despertar os sentidos humanos por meio de peças e ações criativas. Com a adoção de técnicas desse conceito, varejistas buscam aumentar a compra por impulso, foco de grande atenção por parte do varejo no momento de definir as estratégias.

Supermercadistas estão cada vez mais conscientes da importância de ampliar as compras por impulso e uma das alternativas para isso é a maior preparação de ambientações de loja. De acordo com estudos desenvolvidos por Costa (2001, p. 243) em varejos competitivos que registram diferenciações limitadas por preços, o ambiente de loja e os serviços prestados são importantes estimuladores da compra por impulso.

O reconhecimento de que a disponibilidade de tempo pode condicionar ou possibilitar maior incidência de compras não planejadas sugere ao varejista a necessidade de tornar o ambiente da loja de fácil movimentação, com sinalização interna clara e que torne a experiência de compra prazerosa.

Muitos varejistas estão buscando a diferenciação com o auxílio do entretenimento. Eventos e atividades estão sendo promovidos nos palcos varejistas na tentativa de proporcionar ao consumidor uma experiência de compra cada vez mais inusitada e criatividade, de forma que essa experiência seja um fator decisivo na escolha do estabelecimento comercial.

Bernardino *et al.* (2006, p. 117) observa que eventos que agradem ao público, desde a simples demonstração de produtos até programações que durem uma semana inteira, atraem novos consumidores à loja e geram publicidade espontânea. Com um bom teatro, tais eventos exigem planejamento e atenção ao enredo.

Muitos consumidores enxergam o varejo como um local cansativo. Para reverter essa impressão, alguns varejistas buscam estimular o consumidor, dentro ou fora do estabelecimento. Essa disputa pode gerar bons resultados, uma vez que 70% dos consumidores que tiveram uma experiência de entretenimento no varejo retornam posteriormente à loja, o que representa, considera Bernardino *et al.* (2006, p. 118), o triplo ou o quádruplo do índice normal de retorno de novos clientes no varejo.

Na busca por tipos de entretenimento, é importante considerar que a escolha deve ser compatível com o perfil do cliente e com o posicionamento da loja. Além disso, quanto mais interativo for o entretenimento, maior será o envolvimento do cliente.

O uso do entretenimento no varejo já se tornou tão comum que os norte-americanos utilizam o termo *entertailing,* uma fusão de *entertainment* (entretenimento) com *retailing* (varejo).

Nas considerações de Souza e Serrentino (2002, p. 157), uma das maiores necessidades dessa busca por diferenciações foi a necessidade de agregar serviços para conseguir melhorar as margens de lucro. Muitas lojas utilizam o *corner* com café, ajustes em produtos, embalagens para presentes, serviços de entrega, aprovação rápida de crédito, atendimento profissional com orientação de uso, serviço de atendimento ao consumidor, entre outros.

Tais serviços tornaram-se cada vez mais comuns no varejo brasileiro. O *merchandising* também aproveita essa oportunidade de diferenciação, sendo cada vez mais procurado por varejistas com a finalidade de agregar mais valor à área de vendas.

Souza e Serrentino (2002, p. 161) destacam que varejistas procuram reinventar suas lojas, transformando-as em um ponto de experiências com o auxílio do *merchandising.* Para isso, são empregados diversos conceitos para desenvolver o espaço físico na arquitetura, *layout,* comunicação visual, exposição, iluminação, equipamentos e pessoas.

Com o objetivo de adequar esses recursos ao espaço de varejo, Souza e Serrentino recomendam analisar o comportamento do consumidor em seu processo de compra, visando a otimizar visibilidade, acesso, ergonomia, sensorialidade, inspiração e estímulo à permanência, experimentação e compra. A loja deixa de ser pensada a partir de elementos de estética e transforma-se em um cenário onde ocorrem as experiências que estimulam vendas.

Aromas, formas e estímulos ao contato físico com o produto, música e sons, elementos de arquitetura e comunicação visual e eventuais sabores proporcionados por alimentos e bebidas servidos no local colaboram para evidenciar uma sensação mais agradável de compra, consideram Souza e Serrentino. A combinação harmoniosa e consistente desses elementos deve transmitir códigos que reforcem o posicionamento da marca e estímulos que provoquem o desejo de repetição nas visitas e impulso de compra nos consumidores.

O supermercado Bompreço, por exemplo, com lojas situadas na região Nordeste, criou intervenções sonoras no ambiente da peixaria, que remetem ao universo marinho, relatam Souza e Serrentino (2002, p. 163). Quando uma nova remessa de peixes frescos chega a peixaria, os funcionários da seção tocam um sino, como se os peixes acabassem de ter sido recolhidos por redes de pescadores.

Outra ação que pode ser desenvolvida com o auxílio do *merchandising* e que pode transformar-se em um diferencial é levar informação para o consumidor. Bernardino *et al.* (2006) opinam que certas atividades podem ser uma forma elegante e sutil de transmitir informações sobre a mercadoria. Essa ação é praticada com maior frequência pelas indústrias de cosméticos, que promovem demonstrações de seus produtos, ensinando as consumidoras a experimentar fragrâncias, batons, fazer maquiagens, usar cremes, entre outras ações, com o apoio de *displays* e outros materiais de *merchandising.*

Ao mesmo tempo em que levam informação, os materiais de *merchandising* podem envolver o consumidor com a mercadoria, resultando em uma interação no ambiente varejista.

Para acertar na adoção de atividades de informação e interação no ponto de venda, Bernardino *et al.* (2006, p. 119) recomendam que o varejista faça uma pesquisa com seus clientes, indagando sobre os produtos que eles gostariam de conhecer melhor, realizar demonstrações curtas, de cinco a dez minutos, distribuir folhetos informativos, entre outras ações.

A fim de tornar a loja mais interativa, é recomendável que os varejistas encorajem clientes a experimentar antes de comprar, peçam apoio dos fornecedores para promover eventos relacionados aos seus produtos, dar atenção aos detalhes, ou seja, numa loja que venda canetas, providenciar um bloco para que os clientes possam experimentá-las é um gesto necessário para o sucesso da ação.

Bernardino *et al.* (2006, p. 120) consideram que o varejo é uma atividade dinâmica, na qual as lojas precisam apresentar-se de forma inteligente. E a técnica do *visual merchandising* é estratégica para construir a imagem e oferecer uma experiência de compra que atenda às expectativas do consumidor.

O varejo está reconhecendo que seu maior desafio em gestão é como estimular a compra no ponto de venda. Nas considerações de Ferreira e Araújo (2005, p. 27), a ambientação da loja, o atendimento, o acompanhamento das tendências de consumo, os serviços oferecidos para o consumidor e também os centros de soluções, como o conceito loja dentro de loja, que será abordado ainda neste capítulo, são essenciais para estimular a compra por impulso.

3.2. O ponto de venda como mídia

As atividades promocionais estão em franca expansão no mundo e esse crescimento tem sido um assunto muito comentado tanto pelas agências de comunicação, quanto pelos anunciantes. De acordo com Longo (1995, p. 355), a gradual e definitiva transferência de verbas da propaganda para as ações de *merchandising* e promoção de vendas está redefinindo cronogramas e orçamentos.

Nos Estados Unidos, as verbas anuais investidas em ponto de venda alcançaram US$ 88 bilhões, enquanto que a propaganda ficou com apenas US$ 52 bilhões, menciona Longo (1995, p. 355), destacando que as verbas destinadas a ponto de venda crescem a 12% ao ano, enquanto que a média de crescimento da propaganda é de 8% ao ano.

De acordo com Azevedo (1994, p. 29), a indústria do ponto de venda cresceu 57,1% contra 21,3% da mídia eletrônica de 1986 a 1991. As ações no ponto de venda, em alguns casos, registram aumento de vendas de até 300% durante o período promocional. Quando tais ações são fundamentadas em um planejamento integrado e competente conseguem acrescentar mais à imagem de marca do produto em promoção.

Diante disso, muitas empresas estão tratando o ponto de venda como mídia, concentrando esforços para aumentar sua participação de mercado e desenvolver no consumidor mais consciência dos atributos da marca. Em fevereiro de 2006, o Popai Brasil promoveu o *workshop Construção de Marcas no Ponto de Venda*, com a participação de empresas como Philip Morris, 3M Brasil, Maxprint e Masterfoods do Brasil, que apresentaram ideias e resultados alcançados com ações no ponto de venda.

Nesse evento, a gerente de marketing e vendas da 3M Brasil, Lucimara Cristina Fioravante, abordou o segmento de higiene e limpeza, apresentando o *case* "Scotch Brite – o desenvolvimento através das ações nos pontos de venda. Ela contou que a marca Scotch Brite, líder em volume de vendas e valor na categoria de esponja sintética, foi alvo de pesquisas com consumidores, com o objetivo de identificar o perfil da consumidora e dados como crescimento do segmento, hábitos de consumo, frequência de troca das esponjas e árvore de decisão da categoria.

Estudos feitos pela empresa em todo o Brasil detectaram que 49% dos consumidores não fazem lista de compras, 43% compram além da lista e 8% compram apenas o que está na lista. A etapa de compra de esponjas sintéticas compreende quatro fases, como a escolha pelo tipo de esponja, a marca, a quantidade declarada na embalagem e o formato.

Com esses estudos nas mãos, a equipe da 3M Brasil definiu os pilares de trabalho da marca Scotch Brite nos supermercados e hipermercados brasileiros. O trabalho para aumentar a participação da marca incluía fases como plano de mídia com total destaque para o ponto de venda e exibições diferenciadas da marca nos supermercados.

A decisão de imprimir criatividade na exposição das esponjas sintéticas inspirou a criação do *twister*, peça promocional em formato de furacão feito com rede, destinado a expor as esponjas em pontas de gôndola fixas na rede Walmart. Tal ação resultou em aumento de vendas de 2.000% na primeira exibição. O sucesso motivou a duplicação da ideia em diversos supermercados brasileiros. A penetração da marca subiu 80,6% de 2004 para 2005.

Outra ação mostrada no *workshop* do Popai Brasil foi a Promoção Chavelrados, da Masterfoods do Brasil. Tal ação era dirigida para o pequeno varejo. A mecânica da promoção era a seguinte: a cada R$ 2,00 em compras dos confeitos de chocolate M&M, o consumidor podia participar da ação, que envolvia um *display* de papelão numerado. O consumidor escolhia um número, furava e já sabia qual era o seu brinde, que compreendia chaveiros, adesivos e os próprios confeitos. Foram distribuídos 1,5 milhão de prêmios em todo o Brasil.

A ação foi aprovada por varejistas e distribuidores e contou com incremento de 92% nas vendas. Além disso, a marca M&M registrou aumento de participação no mercado. No auge da promoção, a marca cresceu três pontos porcentuais, de acordo com a apresentação do gerente de produto da Masterfoods do Brasil, Valdir Moreira Nascimento.

Com a finalidade de estimular mais interação na área de vendas, a Coop – Cooperativa de Consumo, rede de supermercados com 22 lojas – lançou em março de 2005, a TV Coop, que divulga ofertas pontuais, lançamentos de produtos até cursos voltados a formação profissional de seus colaboradores. Segundo POPOLIN (2005), a programação da TV Coop é veiculada nos *check-outs* das unidades de distribuição e nos aparelhos de TVs em exposição. A transmissão ocorre por meio de canal exclusivo de satélite, permitindo gerar programação ao vivo para todo o território nacional.

Em setembro de 2006, 18 meses após lançar a primeira TV corporativa no segmento de varejo, a Coop reestruturou a programação. O gerente de marketing da cooperativa, Celso Furtado, informa que a nova programação está mais dinâmica, versátil e interativa e a mudança teve como objetivo torná-la mais atraente para a captação de novos anunciantes. Nas mensurações do executivo, a TV Coop alavanca de 30% a 70% a venda dos produtos anunciados.

A TV Coop divulga ofertas pontuais, lançamento de produtos e informações de interesse do público dos consumidores. A nova programação conta também com dicas de saúde, receitas culinárias e informações gerais para a comunidade.

Nos Estados Unidos, os varejistas estão testando um novo formato de *in-store media*. Empresas como Coca-Cola, Colgate-Palmolive e Kraft Foods estão testando uma mídia de promoção no ponto de venda que mostra um vídeo de dez segundos de duração toda vez que o consumidor passa perto da gôndola onde o produto está exposto. O ShelfAds, da POP Broadcasting, contorna dois dos principais inconvenientes das mídias de vídeo mais comuns nos supermercados: os consumidores têm de ver os anúncios em enormes e caras telas de TV; e os anúncios não param nunca.

As pequenas telas usadas no sistema custam apenas US$ 300, funcionam com bateria, são colocadas nas prateleiras das lojas e são controladas por um servidor do tamanho de um maço de cigarros. O sistema já foi construído para interagir com a tecnologia de *Radio Frequency Identification (RFID)* e, em uma versão futura, também exalará aromas. As marcas participantes do teste estão anunciando de graça, mas quando o ShelfAds entrar em operação comercial, será cobrada uma taxa de apenas US$ 4 por dia de cada anunciante. (VAREJISTAS, 2006)

A tecnologia avança cada vez mais para transformar o ponto de venda em mídia. Em Nova York, nos Estados Unidos, é promovida a National Retail Federation (NRF) – *Retail's Big Show 2006,* que mostra os avanços no segmento de varejo. Na última edição, ocorrida em janeiro de 2006, a NRF exibiu uma feira de tecnologia para o varejo, com foco nos sistemas de gestão. Ferreira (2006, p. 55) relata que um espaço foi reservado para apresentar a Loja do Futuro, com destaque para novas mídias e *softwares,* para proporcionar a interatividade com o cliente, possibilitando oferecer a ele experiência de consumo com base em seus hábitos de compra.

A NRF apresentou, nessa feira de tecnologia, o *Fogscreen,* uma cortina de vapor com mensagens de luz, uma mídia original que poderá revolucionar a comunicação visual no supermercado, observa Ferreira (2006, p. 55). Dentro da loja, as inovações foram centradas nos serviços ao consumidor, vinculando os recursos da tecnologia de informática e telecomunicações para proporcionar experiências de compra.

Tais exemplos mostram o desenvolvimento do ponto de venda como mídia. Novas tecnologias passaram a fazer parte da cadeia varejista, possibilitando maior valor agregado às marcas dos produtos, ao supermercado em si e mais ganho de competitividade tanto para o varejo quanto para a indústria.

3.3. Loja dentro de loja

Uma novidade que começa a ser incorporada no autosserviço brasileiro é o conceito de "loja dentro de loja", no qual dentro do mesmo espaço são criados ambientes diferenciados para produtos afins.

"Utilizar informações sobre o perfil e as necessidades dos consumidores como referência para a ambientação de seções e exposição de produtos nas gôndolas." Este é o princípio do conceito *store in store*, ou loja dentro de loja, que começa a ser adotado pelos supermercados brasileiros como uma das ferramentas de fidelização de clientes e um novo diferencial diante da concorrência.

O conceito pode ser até recente no mercado, mas os princípios que o inspiraram nasceram do *micromarketing,* que prega a adaptação de produtos e serviços aos gostos de segmentos específicos dos pontos de vista geográfico, demográfico, psicográfico e comportamental.

A comparação do recém-adotado *store in store* pelos varejistas brasileiros com o *micromarketing* não é por acaso. O mercado está subdividindo-se lentamente em uma profusão de micromercados menores. Com isso, os profissionais de marketing encontram dificuldades para criar produtos e serviços que atendam a todos esses grupos.

São consumidores *singles,* mulheres que trabalham fora, negros, orientais, judeus, além de compradores com necessidades cada vez mais específicas, como mães que desejam encontrar em um único espaço todos os produtos necessários para o conforto de seus bebês e donos de animais que querem mais cuidados e opções para seus bichinhos de estimação.

A solução encaixa-se perfeitamente nas exigências dos compradores e mostra também a importância da segmentação de mercado para o sucesso do varejo, abalado com a forte concorrência. Com o *store in store,* é possível envolver o consumidor por completo, graças a um conjunto de fatores como variedade de produtos que tenham afinidade entre si e estejam completamente sintonizados com a solução de compra que o varejista se propõe a oferecer ao seu cliente.

Para KOTLER e ARMSTRONG (1998, p. 161) é necessário fazer uso da decoração, disposição planejada das gôndolas e comunicação visual própria para tornar a visita à seção mais prazerosa, tornando a compra mais prática. É uma forma de individualização em massa. Os profissionais de marketing estão hoje experimentando novos sistemas para fornecer produtos e serviços individualizados. A ideia é atender a um grande número de consumidores, mas dar a cada um o que ele deseja.

De acordo com PRADO (2003, p. 28), o conceito *store in store* está sendo aplicado com sucesso em diversos formatos de varejo espalhados pelo Brasil. Na rede Bompreço, localizada no Nordeste, a parceria com a Procter & Gamble criou o *Baby Care Center,* ou Centro de Cuidados para Bebês em algumas lojas. A estratégia foi criar um diferencial, concentrando todos os produtos necessários para os bebês em uma única compra, em um único local.

No período de testes, as vendas da categoria tiveram um crescimento de 11%. Em alguns segmentos, o desempenho foi ainda mais expressivo, como brinquedos (37%) e produtos para gestantes (51%).

A pesquisa é fundamental para encontrar o nicho de mercado que merece o desenvolvimento do conceito "loja dentro de loja". Estudos do *Johnson & Johnson Insight Library* mostram que famílias com crianças de até quatro anos gastam, em média, 40% a mais do que famílias sem crianças, considerando apenas itens como frutas, vegetais, produtos orgânicos, leite, materiais de limpeza e fotos. Diante de um número expressivo como esse, por que não desenvolver um espaço especial para esses consumidores?

A experiência torna-se útil não só nos resultados de vendas, mas também no exercício de outros princípios de marketing, tão recomendados pelos estudiosos do assunto. Uma das etapas do *store in store* é dedicada ao co-marketing, que consiste em praticar o marketing de relacionamento, na qual várias atividades devem ser planejadas e implementadas para incentivar e fidelizar o consumidor.

Segundo PRADO (2003, p. 28), esta etapa envolve a intensificação das parcerias com fornecedores para desenvolver diversas atividades de marketing. Algumas maneiras de promover essa aproximação com os clientes e conquistar a tão desejada fidelização são o envio de malas-diretas com brindes, promoções que envolvam o consumidor e incentivem a compra na seção, oferecimento de serviços diferenciados e demonstrações de produtos com promotoras.

Essa ideia é o amadurecimento, ou a reciclagem, do conceito de universos, uma prática iniciada pelo Grupo Pão de Açúcar na rede Extra, no fim de 1999 e início de 2000. Hoje, com espaços menores na área de vendas, o conceito vem sendo adaptado para os atuais hipermercados compactos. Em duas dessas lojas do Extra, a empresa agrupou os produtos em "mundos".

Em "mundo da casa", por exemplo, engloba mercadorias para o lar: louças e objetos de decoração e produtos de cama, mesa e banho; o "mundo do lazer" tem brinquedos e jogos; no "mundo da informática" são encontrados microcomputadores, *softwares*, periféricos e acessórios; o "mundo do bebê", com produtos para bebês, do básico ao entretenimento, e o "mundo dos esportes", com tudo o que o cliente procura para cuidar do corpo, desde tênis e roupas apropriadas até aparelhos de ginástica.

Uma das empresas que adota o conceito "loja dentro de loja" no varejo, ajudando o varejo a desenvolver o projeto, é a Procter & Gamble. De acordo com as informações da companhia, a implantação do conceito pode ser adaptado a qualquer tamanho de loja. A regra para adotá-lo é buscar a diferenciação do mercado e a fidelização do consumidor. Para criar o ambiente, no qual o consumidor vai ter uma experiência de compra ideal, é necessário seguir as cinco etapas do desenvolvimento do projeto, uma vez que este conceito requer a criação de um ambiente capaz de envolver o consumidor por completo.

As cinco etapas são[1]:

1. Fundamentos de vendas
2. Co-alocação das categorias
3. Ambiente agradável
4. Informação/educação
5. Co-marketing

A primeira etapa, denominada Fundamentos de Venda, consiste na implantação do gerenciamento por categorias, no qual o foco está na solução como um todo, e não apenas na solução por categoria. O objetivo dessa etapa é determinar quais são as categorias e grupos de produtos que serão trabalhados no espaço.

---

1 As explicações sobre o conceito loja dentro de loja fazem parte de experiência pessoal da autora, que visitou um estande sobre o assunto durante a 20ª Convenção e Feira Paulista de Supermercados (Apas 2004), ocorrida em maio de 2004, em São Paulo (SP).

Para isso, algumas perguntas são fundamentais para definir as categorias que vão fazer parte da solução. Exemplos: quais categorias pertencem à solução que o varejo pretende criar? Quais são os produtos que podem ser incluídos? Incluir ou não produtos é uma decisão que vai depender da importância desse público-alvo para os negócios do varejista.

Nesta etapa, deve-se também analisar e definir o sortimento de categorias, planejar a disposição das gôndolas, adotar um *layout* adequado, montar um calendário promocional, não esquecer da estratégia de preços e organizar a gôndola segundo as pesquisas que foram feitas para descobrir hábitos e preferências dos consumidores do estabelecimento.

A etapa seguinte, chamada co-alocação das categorias, consiste, principalmente, em como organizar as categorias dentro do espaço destinado ao ambiente que será criado. O objetivo é tornar a visita à seção mais agradável e criar um clima de encantamento.

Para isso, a estratégia é concentrar todos os produtos em um único lugar, para facilitar a compra e permitir que o consumidor lembre-se de itens que não estavam em sua lista de compras.

No momento de arrumação dos produtos, devemos ter em mente a pergunta: Posso encontrar tudo que quero rápido e facilmente? Se a resposta for positiva, o projeto está sendo bem orientado e resultará na satisfação dos consumidores.

Portanto, é importante que as categorias de produtos sejam separadas por grupos e organizadas dentro do espaço, seguindo os princípios de compra e uso do consumidor. Ou seja, se ele encontrar os produtos dispostos na ordem que os usa (chamadas de tarefas) em sua rotina irá lembrar mais facilmente do que precisa.

Como exemplo, pode-se citar a aplicação do conceito nos espaços para bebês, que o varejo está assimilando com facilidade atualmente. Desta forma, no momento de arrumar as gôndolas o varejista deve imaginar a rotina do bebê, que consiste em acordar, tomar banho, trocar fraldas, alimentar-se, trocar de roupa, passear e brincar. Para seguir as tarefas que descrevemos no parágrafo anterior, é importante que os produtos estejam dispostos da seguinte maneira: higiene, alimentação, passeio e diversão.

É importante considerar que, para impulsionar ainda mais as compras, é fundamental trabalhar com visual diferenciado da sinalização de cada categoria e de cada tarefa, usando cores e formas. Isso ajuda a facilitar a compra.

A etapa 3 é o ambiente agradável. Nessa fase, o varejo vai chamar e reter a atenção do consumidor. Para isso, o espaço deve ter comunicação visual única e deve ser trabalhado como se fosse uma marca, com logo, conceito e assinatura.

Considera-se que, quanto mais agradável e aconchegante for o ambiente, mais o consumidor se sentirá à vontade para efetuar suas compras, tanto as planejadas quanto as por impulso. Por isso, deve-se diferenciar o projeto com um nome e um ícone que identifiquem o espaço, utilizar um padrão de cores, tipologia, figuras.

Tais recursos são importantes para aumentar o espaço e devem empregar soluções criativas. No caso do conceito espaço para o bebê, algumas soluções incluem réguas para medir o crescimento das crianças, adesivo de chão simulando um jogo de amarelinha, entre outros). Assim será criado um espaço exclusivo, que atrairá a visita do consumidor e poderá influenciar na fidelização de clientes.

Os cinco sentidos do consumidor podem ser estimulados também com a adoção de músicas infantis, cheirinho de bebê, degustação de papinhas, entre outros exemplos que podem ser adotados no espaço do bebê.

A quarta fase do projeto envolve informação e educação. Os recursos de comunicação que podem ser adotados nessa etapa são dicas nas gôndolas, folhetos informativos, palestras e cursos, formas simples, porém extremamente eficazes para o desenvolvimento de vendas por categorias estratégicas. A finalidade dessa fase é tornar o espaço uma fonte de informação e consulta sobre o bebê, por exemplo, e até sobre os cuidados que as mães devem tomar durante e após a gestação, para transformar o espaço em um local diferenciado.

As outras etapas têm começo, meio e fim, mas essa deve ser utilizada o tempo todo. Para isso, o varejista deve ter um planejamento e montar um calendário de atividades, que inclua as datas sazonais mais importantes para o varejo e alinhadas com a ideia do espaço.

A última etapa do projeto é chamada de marketing de relacionamento, na qual várias atividades devem ser planejadas e implementadas para incentivar e fidelizar o consumidor. Esta etapa contempla a realização de parcerias com os fornecedores da indústria, para desenvolver, em conjunto, diversas atividades de marketing.

As ações que podem integrar essa fase são variadas, mas podemos destacar como importantes o envio de malas-diretas com brindes, promoções que envolvam o consumidor e incentivem a compra na seção, serviços diferenciados para os clientes, demonstrações de produtos com promotoras, palestras sobre benefícios de produtos etc.

Os cinco sentidos do consumidor estão em evidência atualmente. Para uma empresa encantar um cliente hoje não basta oferecer um produto de qualidade, a um preço competitivo, dentro de uma comunicação correta, que sinalize esses atributos e conduza o consumidor a loja.

Existe a necessidade de proporcionar uma experiência de compra agradável e única ao consumidor, oferecendo-lhe inúmeras experiências e utilizando metodologias ecléticas. Tais princípios formam o conceito do marketing experimental (SCHMITT, 2001, p. 45). De acordo com o mesmo autor (2001, p. 48), cada vez mais empresas estão usando o marketing experimental para estabelecer um relacionamento com os clientes. Isso mostra que o marketing de características e benefícios está sendo trocado por essa abordagem experimental, que busca "compreender a experiência do cliente".

As experiências são acontecimentos individuais que ocorrem como resposta a algum estímulo, como os provocados pelo marketing antes e depois da compra. Para Schmitt, (2001, p. 75), as experiências são induzidas. Tomando como exemplo a prática do conceito loja dentro de loja no varejo brasileiro, nota-se que existe uma indução de experiências para o consumidor que compra produtos na seção, como ouvir músicas infantis, sentir aromas que lembram o mundo do bebê e até mesmo ter a oportunidade de deixar seu filho aos cuidados de promotoras que vão entretê-lo com brincadeiras e jogos infantis especialmente inseridos no ambiente.

SCHMITT (2001, p. 75) considera essas experiências importantes para o consumidor:

> Como profissional de marketing, você fornece os estímulos que resultam em experiências para o consumidor. Você escolhe os "provedores de experiência". Você é o encarregado. Dependendo do que você faz e de como faz, a sua empresa e a sua marca vão ser vistas como sendo mais simpáticas, admiradas e interessantes. Isso não significa que o cliente é passivo. Significa que você tem que tomar a iniciativa. É assim que o mundo funciona e é assim que ele foi incorporado como uma grande possibilidade de experiências na linguagem.

Criar experiências no ambiente varejista transformou-se também em uma ferramenta de fidelização de clientes. Em um cenário cada vez mais competitivo como o observado no autosserviço alimentar, sujeito a guerras de preços e diversas reviravoltas da economia brasileira, esse é o caminho para conquistar uma diferenciação e incentivar a visita de clientes.

A especialista em previsões de tendências Faith Popcorn (*apud* GOBÉ, 2002, p. 31) acredita que os supermercados logo serão obsoletos, um canal de distribuição do passado. À medida que as pessoas vão perdendo o interesse nos velhos sistemas de distribuição, nos quais os fabricantes tradicionais confiam, será crucial reinventar a maneira pela qual os produtos serão definidos e vendidos no futuro. GOBÉ (2002, p. 31) afirma que essas e outras mudanças incentivam o maior contato emocional com o consumidor, atribuindo a essa característica a única estratégia para o sucesso.

Diante dessas análises, o conceito "loja dentro de loja" acaba se tornando um diferencial porque trabalha os elos emocionais no ponto de venda. Muitas marcas como Procter & Gamble, Johnson & Johnson e Kimberly Clark aderiram a esse conceito, incentivando o varejo a incorporá-lo na área de vendas, como caminho de fidelização de clientes.

Um dos grandes segredos desse conceito é o foco nas experiências sensoriais, que formam uma área explorada ao mínimo e que se revela como extremamente lucrativa para as marcas no século XXI (GOBÉ, 2002, p. 39). De acordo com ele, o oferecimento de uma experiência de marca multissensorial pode ser uma ferramenta de eficiência incrível. Proporcionar aos consumidores uma experiência sensorial é a chave da marca para conseguir o tipo de contato que estabelecerá sua preferência e criará a fidelidade.

Outro pilar que sustenta uma marca emocional, nas considerações do mesmo autor, é a imaginação. O desafio é o encontro de alternativas, escandalosas e sutis ao mesmo tempo, para surpreender e deleitar consumidores. A visão também ocupa um lugar de destaque. Na avaliação de Gobé (2002, p. 39), as marcas evoluem através de um ciclo natural no mercado e, para criar e manter seus limites no mercado, devem posicionar-se de forma a se renovarem constantemente.

Ouvir também pode ser considerado uma experiência sensorial importante, capaz de estimular compras e fidelizar clientes. O projeto "loja dentro de loja" contempla a exibição de músicas infantis no ambiente, para estimular o contato do cliente com o espaço que vende produtos para bebês. O próprio som remete ao mundo infantil e também desperta no cliente a sensação de que ele está fazendo suas compras em um espaço à parte no supermercado.

Os sabores são incluídos no projeto como mais uma experiência capaz de agregar valor ao espaço para bebês montado especialmente na loja. A degustação de papinhas infantis, sucos e outros alimentos especiais para bebês, por promotoras especializadas nos produtos que estão sendo oferecidos, é outra ação adotada pelo *store in store*.

Para Gobé (2002, p. 135), oferecer alimentos sugere uma espécie de parentesco e faz as pessoas se sentirem à vontade, podendo até sentir prazer. O mesmo autor reforça a adoção dessa prática: Se os hóspedes em nossas casas recebem essa cortesia, por que ela não é estendida de forma mais ampla aos clientes?

O *store in store* contempla também, com a ajuda de materiais de *visual merchandising,* o tato do consumidor. Materiais lúdicos como adesivos de chão simulando uma brincadeira de amarelinha, uma régua em formato de girafa para medir a altura da criança, pequenas lousas para as crianças brincarem, são alguns exemplos utilizados para explorar o tato do consumidor, no caso, crianças que vão fazer compras acompanhando suas mães.

Segundo GOBÉ (2002, p. 141), os consumidores fazem uso dos sentidos para conhecer o produto. Tocar, seja o próprio produto, a estrutura da loja, a temperatura ambiente e até o piso ou a maçaneta da porta de entrada, é uma dimensão de experiência da marca. Neste mundo, privado de tato e tornando-se ainda mais limitado pelo advento da internet, as empresas que incentivam o toque serão recompensadas pela simpatia de seus clientes. E esse sentimento pode ser conquistado pelo varejo:

> Uma loja é um parque de diversões! Os objetos e o ambiente devem ser projetados e dispostos para serem experimentados, sentidos e descobertos. A loja se transforma em um parque de diversões próprio para ser tocado, batido, pisado. Isto é vivência, vivência é experiência e a experiência é boa! Além disso, qualquer produto que combina dois sentidos de forma dinâmica (neste caso específico, o tato e a audição) torna-se duas vezes mais agradável.
>
> (GOBÉ, 2002, p. 144).

Deve-se considerar outro sentido importante no ambiente varejista e que também é estimulado no conceito loja dentro de loja: o olfato. Os aromas têm poder de sedução junto aos clientes. Cada cheiro é diferente do outro e fornece dicas de forma sutil, de como ele pode ser usado para administrar a identidade de uma marca.

Especialistas consideram que o olfato é talvez o mais forte dos sentidos. Entretanto, o cheiro é muitas vezes uma ferramenta negligenciada no sentido de proporcionar aos clientes experiências atraentes e emocionais. Vários estudos mostram que o cheiro tem o poder de evocar emoções com maior força do que qualquer outro sentido, devido ao fato de existirem mais conexões entre a região olfativa do cérebro e o complexo amígdalo-hipocampal (onde a memória emocional é processada) do que para qualquer outro sentido.

O conceito de "loja dentro de loja", analisado neste trabalho, estimula o olfato dos consumidores com aromas infantis presentes em colônias, talcos e outros produtos presentes no *mix* da seção. A programação desses aromas é bem programada porque incentiva as vendas, junto a um projeto eficaz de cores e de iluminação.

GOBÉ (2002, p. 149) menciona que as fragrâncias talvez sejam uma das mais velhas técnicas de marketing. Desde épocas antigas, os vendedores dos mercados ao ar livre usam incenso para atrair os visitantes às suas barracas. Atualmente, muitos espaços comerciais aderiram a essa técnica experimentando as possibilidades de marcas perfumadas, como fizeram o fabricante de camisas de Londres, na Inglaterra, Thomas Pink, que aromatiza suas lojas com o cheiro de "linho seco".

Muitos varejistas gostam de pensar que sua loja é um teatro. As paredes e os pisos representam o palco. A iluminação, os móveis e as comunicações visuais fazem o papel de equipamentos. E a mercadoria representa o espetáculo. Desta forma, assim como no teatro, o design da loja e todos os seus componentes devem trabalhar em harmonia para apoiar a mercadoria.

O varejo pode, com segurança, assumir o papel de um teatro cujo objetivo é encantar a plateia, ou melhor, os consumidores. Para isso, deve projetar a atmosfera da loja alinhada à sua imagem e à sua estratégia geral. Identificar alternativas para seduzir seus clientes, explorando os cinco sentidos do ser humano, é outra prática que deve ser adotada como caminho de fidelização e diferencial competitivo frente a um cenário marcado por estabilização econômica e aumento da concorrência.

Diante disso, o conceito "loja dentro de loja" revela-se como um meio eficaz de facilitar as compras dos clientes e desenvolver uma relação de fidelidade com seu consumidor. Agrupar produtos de acordo com a lógica de compra, promover ambientação e exposição diferenciadas em relação ao restante da loja e criar serviços que estimulem olfato, visão, paladar, tato e audição são meios de conquistar o cliente, tanto pelos meios racionais, quanto pelos emocionais.

Com o conceito "loja dentro de loja", cria-se no supermercado a ação do marketing experimental, proporcionando ao consumidor uma experiência holística, capaz de estimular os sentidos e mexer com emoções e com o raciocínio. Essa possibilidade é a grande diferença encontrada no marketing experimental, que não é possível de ser promovida no marketing tradicional, uma vez que o foco do primeiro está nas experiências do consumidor.

Tais experiências ligam supermercados e hipermercados que adotaram o conceito "loja dentro de loja", a marca parceira na implementação do conceito com o estilo de vida do consumidor, no caso, as mães com crianças pequenas, geralmente mães de primeira viagem, que precisam de orientações e informações úteis tanto no momento da compra quanto na administração desse papel maternal que estão assumindo.

Os componentes desse cenário tornam o contexto social mais amplo e por esse motivo, essa consumidora valoriza essa experiência de compra, graças aos valores sensoriais que são gerados aí, junto a valores emocionais, cognitivos, comportamentais e de identificação, que substituem os valores funcionais.

Afinal, como as mães de primeira viagem dizem: "ter um filho muda tudo". Isso pode implicar em mudanças de comportamento, de atitudes e até mesmo de local para fazer compras. E quem entender essas mudanças e puder oferecer um ambiente que incentive mais experiências sensoriais conquistará essa consumidora.

Enfocar o experimento em ambiente real de compras é a tarefa do próximo capítulo. Será mostrado o delineamento do experimento, os estudos envolvendo a categoria escolhida para sediar o experimento, a criação e desenvolvimento dos materiais de *merchandising*, a aplicação e os resultados obtidos com essa técnica de pesquisa quantitativa.

CAPÍTULO IV
PRÁTICAS DE MERCHANDISING – CRIAÇÃO DE AMBIENTE CONVIDATIVO

Fazer compras pode ser um momento lúdico para muitos consumidores. Vários clientes encaram essa tarefa rotineira como um meio de abastecer seu lar, suprir necessidades em relação a um produto, mas também como uma forma de entretenimento. Afinal, é o momento de conhecer as novidades que as indústrias prepararam depois de diversas pesquisas de hábitos de consumo, testes de produtos e embalagens convidativas.

Neste cenário tão competitivo, é uma necessidade estar presente no ponto de venda de forma correta e atraente. Produtos da mesma categoria podem ser interpretados como parecidos, desprovidos de diferenciais, semelhantes. É o momento de planejar exposições interessantes, vantajosas e envolventes para chamar a atenção do consumidor e tornar a experiência de compra mais atraente.

Receber o cliente na área de vendas exige planejamento e criatividade. Seria o mesmo que receber um convidado para um jantar especial, momento em que o anfitrião tem para mostrar o quanto tal convidado é importante para ele. Preparar a casa, organizar um jantar especial, focado nas preferências do convidado, entretê-lo com música, aromas, pratos e histórias agradáveis, fazem parte de uma boa experiência e são práticas que podem ser reproduzidas na área de vendas, com o auxílio das práticas de *merchandising*.

Em algumas oportunidades, o convidado pode ser surpreendido com um jantar temático, alinhado às suas preferências, como se ele estivesse ingressando em um ambiente específico. No varejo, é possível convidar o consumidor para uma experiência temática, graças às ambientações institucionais e promocionais, que tornam o ambiente de compras mais convidativo e recheado de experiências que podem permanecer na mente e no coração do consumidor, incentivando-o a retornar ao estabelecimento.

O consumidor pode voltar porque sente o ambiente diferente, mais agradável e mais lúdico. Não se trata apenas de promover marcas específicas, mas de acelerar vendas de uma categoria, por exemplo, e entregar versões criativas, releituras de datas sazonais que marcam presença no planejamento promocional varejista.

4.1. Ambientações institucionais

Nas considerações de Riva *et al.* (2014, p. 116), as ambientações internas podem ter caráter institucional, envolvendo datas como Natal, Carnaval, Copa do Mundo, feitas com decoração. A ambientação institucional traz benefícios indiretos para os produtos, uma vez que o estímulo é geral e não direcionado para um grupo específico, nem tem a intenção de reforçar uma marca.

Uma ambientação institucional pode ser também uma espécie de serviço de utilidade pública porque agrega mais valor aos produtos, organizando itens alinhados ao momento da compra. Isso quer dizer que o consumidor consegue encontrar todos os itens necessários para ele prestigiar o jogo da Seleção Brasileira na Copa do Mundo em um mesmo lugar e receber sugestões de consumo para ele, amigos e familiares.

Uma ambientação de Natal pode agrupar diversos itens que figuram em uma ceia de Natal, como panetones, frutas secas, espumantes, petiscos, além dos acessórios para o consumidor celebrar a data de forma organizada e inesquecível como copos, jarras, pratos, talheres, toalhas de mesa, guardanapos, aparadores, entre outros itens. Vale também organizar mesas na área de vendas decoradas com o tema natalino.

Tais ambientações encantam os consumidores e precisam respeitar algumas regras, recomendadas por Riva *et al.* (2014, p. 119). As mercadorias precisam estar visíveis a três metros de distância porque a falta de visibilidade inibe as vendas. Quanto mais "frentes de produtos", melhor a visibilidade e normalmente, maiores as possibilidades de vendas.

É necessário também organizar as informações a respeito dos produtos e marcas que mais vendem de acordo com o calendário sazonal, no caso das ambientações institucionais e destacar os produtos que mais vendem, manter uma quantidade de produtos que garanta o não desabastecimento e proporcione uma boa visibilidade.

Decidida a ambientação e o respectivo tema a ser trabalhado, a atenção deve ser concentrada na exposição dos produtos, considerando quatro pilares como separação, visibilidade, acessibilidade e disponibilidade.

Se o varejista decidir trabalhar com a ambientação institucional temática "Férias" pode organizar ilhas promocionais com diversos itens obrigatórios em viagens de férias envolvendo bebidas como refrigerantes, sucos, cervejas, *coolers*, petiscos, toalhas de praia, cadeiras, protetores solares, entre outros produtos.

Separar tais itens em exposições institucionais facilita as compras e torna a experiência do consumidor mais agradável e produtiva porque ele encontra o que precisa em um único lugar se estiver à procura de itens para sua viagem de férias. Afinal, o consumidor está acostumado a procurar os produtos por categoria e os itens precisam estar separados conforme a lógica de compra e com a possibilidade do consumidor fazer uma leitura rápida da gôndola e das categorias necessárias à sua viagem de férias, por exemplo.

4.2. Ambientações promocionais

Ao passar por uma loja, muitas vezes o consumidor pensa se vai entrar ou não. Tal decisão consome alguns segundos e pode ser influenciada pela apresentação da vitrine e seus respectivos produtos. Uma vitrine organizada representa um estímulo visual difícil de ser ignorado na decisão do consumidor de visitar a loja. Na maioria das vezes, a vitrine pode ser uma grande aliada na organização de ambientações promocionais.

Aumentar o giro de um produto ou de uma categoria como um todo é a finalidade da ambientação promocional. Pode ser uma grande aliada no planejamento de vendas de determinados produtos sazonais como Páscoa e Festas Juninas. É uma oportunidade incrível também para mostrar que a Páscoa não se limita a ovos de chocolate e Festas Juninas não são restritas a pipoca e amendoim.

Uma ambientação promocional é um convite para expor de forma criativa todo o universo que contempla o consumo de determinada época do ano. A Páscoa é um incremento na venda de ovos de chocolate, mas também resulta em vendas de pescados, azeite, vinhos, bolos de Páscoa, frutas frescas e secas, temperos, verduras, legumes. Festas Juninas respondem por aumento nas vendas de milho para pipoca e amendoim, mas abrangem também milho para canjica, leite condensado, leite de coco, farinha de trigo, fermento em pó, entre outros produtos capazes de serem transformados em quitutes consumidos por todas as classes sociais, considerando que a Festa Junina é um evento muito popular em todo o Brasil.

Envolver essas datas sazonais no planejamento de ambientações promocionais é apenas um passo na programação de *merchandising* no ponto de venda do varejo alimentar. Muitos varejistas aproveitam a ambientação promocional para limpar estoques e aumentar o giro de determinados produtos como bebidas e itens para churrasco no final de semana, ocasião em que o consumidor espera para reunir amigos e familiares e conversar nas proximidades de grelhas, enquanto inspeciona o ponto favorito do seu churrasco.

Outro exemplo de ambientação promocional é a Semana do Chocolate, organizada periodicamente por uma grande loja de departamentos. Nas lojas, chocolates de diversas marcas e tamanhos são expostos a preços convidativos, em ambientações e ações promocionais vinculadas a ofertas, descontos e preços baixos. Tal ação é possível ser realizada devido à disponibilidade do produto, reorganizações rápidas quando o produto está acabando e detalhada organização na gôndola, para aprimorar a exibição, tornado o produto mais visível para o consumidor.

Outra técnica é posicionar todos os rótulos ou embalagens simetricamente, considerando o ângulo de visão do cliente, recomenda Riva *et al.* (2014, p. 122).

Ambientações promocionais andam de mãos dadas com experiências de compra inesquecíveis, o que eleva o potencial do varejo de melhorar seu relacionamento com o consumidor e estreitar seus laços de fidelidade com o cliente. Com o aumento da concorrência, o preço deixou de ser diferencial. Todas as lojas de esporte contam com os mesmos produtos, marcas e preços. Lojas de material de construção, lojas de produtos para bebês, lojas de vestidos de festa, entre outras, seguem essa regra.

O que faz a diferença é a experiência que o consumidor vive dentro da loja. Para isso, é importante trabalhar a atmosfera de compra, encarar o ponto de venda como um ponto de contato com consumidores, onde eles exercem o papel de coautores de vivências compartilhadas com marcas e produtos. Atender esse consumidor exige diversas análises, que vão além de pesquisas demográficas e psicográficas, mas envolvem dados vinculados a hábitos e atitudes.

4.3. Exposição de produtos

Apresentar produtos de forma mais atraente, dentro de uma comunicação de via de mão dupla entre varejistas e consumidores é a tarefa da exposição de produtos. É uma prática que pode ser adotada por diversos varejistas, independente de seguirem a área alimentar, farma, vestuário, puericultura e material de construção, por exemplo.

Nas considerações de Malhorta (2014, p. 84), há muitos modos de apresentar muitos tipos de produtos a fim de ressaltar suas melhores qualidades. Por exemplo, para apresentar roupas do modo mais atraente, usam-se manequins elegantes, enquanto uma padaria poderia apresentar seus mais refinados *cupcakes* em uma travessa de prata lindamente cinzelada. Vegetais em um supermercado podem ser arrumados conforme a cor, e uma perfumaria poderia usar mesas de apresentação atraentes aos olhos para expor seus produtos visualmente.

A exposição de produtos planejada de forma estratégia pode melhorar as vendas de produtos, como um vendedor silencioso. Malhorta (2014, p. 84) cita um estudo que examinou o efeito do *merchandising* visual sobre artigos de consumo embalados e constatou que o impacto do *merchandising* estimulando a troca de marcas era aproximadamente igual ao de uma redução de preço de 15% a 30%. Já uma estratégia mais sofisticada pode resultados em efeitos ainda melhores, obtidos por dirigir a atenção dos consumidores a produtos específicos, provocando compras não planejadas e consolidando um quadro uniforme da loja.

Além disso, a apresentação da mercadoria contribuirá para a imagem global da loja. Por exemplo, um varejista focado em descontos poderia usar simples estrados para a apresentação visual da mercadoria ao passo que uma mercearia de especialidades poderia usar mesas de exposição, prateleiras e estantes elegantes nas quais os produtos são exibidos artisticamente. Portanto, é muito importante que a estratégia de *merchandising* visual correta combine com todos os outros elementos do design de loja, como o layout e o ambiente, para transmitir uma imagem global e harmoniosa.

Quando a exposição de produtos é planejada, vários aspectos devem ser considerados. O primeiro é analisar a perspectiva do consumidor, observar a loja, a exposição conforme o olhar do consumidor. Tentar descobrir o que os consumidores esperam da apresentação do produto quando entram na loja, e quais são as necessidades que uma loja deve satisfazer são alguns passos para uma exposição de sucesso.

Há tempos, visitei um supermercado em Porto Alegre (RS) e a seção de chás era organizada de forma que os consumidores pudessem conferir a textura e o aroma de cada marca, especialmente da categoria de erva mate, adequada para o chimarrão, bebida consumida pela maioria dos moradores da cidade. Não se tratava apenas de expor as marcas de erva mate, era necessário que todas as marcas tivessem pelo menos um pacote aberto para que o consumidor pudesse avaliar.

Outro item essencial para o sucesso da exposição de produtos é a visibilidade das mercadorias. Falta de produtos nas prateleiras, ausência de reposição de estoque são comuns em alguns estabelecimentos varejistas e isso pode prejudicar a imagem da loja e gerar frustração no consumidor.

Muitos consumidores gostam de tocar nos produtos e os itens devem ser tangíveis e de fácil acesso, conforme argumenta Malhorta (2014, p. 86). Embora a visão seja o sentido dominante para a coleta de informações, tocar ajuda os consumidores a estabelecer uma conexão emocional com um produto. Ver para crer, mas tocar para sentir. A maciez de uma blusa de tricô, a facilidade de utilizar um *smartphone*, a fragrância de um frasco de shampoo e a sensação de se sentar em um sofá macio, tudo isso auxilia na exposição e venda de um produto. Além disso, dar ao consumidor a chance de sentir produtos é a maior vantagem que as lojas físicas têm sobre os varejistas *online*.

Muitos varejistas usam vitrines trancadas ou inventam outros modos para evitar que os consumidores ser sirvam sozinhos e selecionem os produtos, como prateleiras altas que as pessoas mais baixas não têm chance de alcançar. Embora seja compreensível manter mercadorias de valor elevado trancadas para evitar furto, é necessário tornar o acesso facilitado para quem deseja comprar.

A regra se aplica também a livrarias. Quantas pessoas gostam de conferir o sumário ou folhear o livro antes da decisão de compra? Certamente deixar os livros desembrulhados facilita essa decisão e transforma a experiência de compra em um momento mais agradável.

Malhorta (2014, p. 87) acredita que muitos consumidores não querem ver apenas a embalagem, mas o produto também. É o caso de uma loja de eletroeletrônicos que deve ter uma seleção de itens em exposição para permitir que o consumidor sinta cada produto, veja como funciona e decida se vai comprá-lo com base em sua própria experiência. Tais produtos de demonstração desempenham um papel importante nesta etapa da decisão de compra. Às vezes podem não estar em condições de venda depois de serem tocados por milhares de consumidores, mas esse é um pequeno preço a pagar para muitos produtos serem vendidos e muitos consumidores sentirem-se satisfeitos com a experiência oferecida pelo varejo.

4.4. Layout de loja

Observar como o consumidor percorre a loja é essencial para determinar um *layout* de loja lógico. Tal observação é capaz de apontar problemas e oportunidades na área de vendas que podem ser trabalhadas com um layout adequado. O percurso varia de loja para loja, mas há certos padrões que permanecem, como zonas de transição, movimentação em sentido anti-horário e *layout* de trajeto obrigatório.

Nas considerações de Malhorta (2013, p. 8), a área de transição está localizada imediatamente após a entrada. Ao entrar na loja, os consumidores precisam de algum tempo para se orientar no novo ambiente, precisam se ajustar aos muitos estímulos existentes no seu interior, como a variação da iluminação e temperatura, cartazes, cores, outros consumidores, entre outros itens que marcam presença nos estabelecimentos varejistas.

A entrada é a única parte de uma loja pela qual todo consumidor passa (desde que haja apenas uma, é claro), e, portanto, muitos varejistas e fabricantes a consideram território valioso. Na zona de transição, as capacidades de processamento de informações dos consumidores estão tão ocupadas com o ajuste ao ambiente e em descobrir como chegar ao destino desejado dentro da loja, que prestam somente a mínima atenção aos detalhes que os circundam nesse ambiente de transição. Por esse motivo, a zona de transição não é um lugar adequado para exibir produtos de alta margem de lucro ou informações importantes. Não justifica negligenciar essa área, mas organizar exposições para entregar uma ótima primeira impressão aos consumidores, especialmente, no caso de lojas de *shoppings*, onde a zona de entrada é visível de fora e atrair consumidores para dentro da loja.

Outra informação importante é o percurso dos consumidores em sentido anti-horário. A explicação para esse comportamento pode ser o fato que, em muitos países, os consumidores dirigem do lado direito da estrada ou são destros. Mas a verdade é que os consumidores provavelmente não têm uma predisposição inata ou aprendida de andar para a direita. Ao contrário, é a loja que os faz andar nessa direção, porque na maioria delas a entrada está do lado direito da fachada. A menos que caminhem diretamente para a área dos caixas depois de entrar na loja (o que é pouco provável), os consumidores são mais ou menos forçados a se dirigirem em primeiro lugar até o fundo da loja, à direita, e, então, virar à esquerda.

Após avaliar como os consumidores circulam pela loja, é o momento de planejar o *layout*. Existe a loja com balcão, considera Malhorta (2013, p. 12), varejo tradicional há anos atrás e que permanece em alguns formatos como farmácias e drogarias, com a venda de medicamentos sob prescrição médica e que a venda em balcão é necessária para controlar quem comprará certos remédios. Varejos de pequeno porte como papelarias a loja com balcão é prática. Joalherias que vendem produtos de alto valor agregado, mercadorias pequenas e caras, também adotam o modelo balcão por seu mais prático e seguro para inibir furtos.

É importante ressaltar que *layouts* de balcão são úteis nesses casos, mas não são muito populares no varejo moderno porque demandam força de trabalho e reduzem as compras por impulso, uma vez que os produtos ficam escondidos atrás de balcões ou trancados em vitrines. Tais motivos justificam o treinamento dos funcionários nas vendas sugestivas, técnica que o vendedor sugere outros itens para acompanhar a compra principal, como tênis e meias, saias e blusas, jeans e camisetas etc.

No momento de planejar o *layout* de uma loja, diversos fatores devem ser considerados para melhorar a experiência de compra e motivar vendas. Existe o *layout* de trajeto obrigatório, opção na qual o varejista planeja a experiência de compra porque o consumidor segue um único trajeto desde a entrada até os caixas e entra em contato com produto na ordem predeterminada pelo varejista. Este *layout* permite usar a sequência de produtos expostos para influenciar o comportamento do consumidor, além de aumentar o contato do consumidor com o produto, permitindo mais chances de compras não planejadas.

Outra opção é o *layout* em grade, cujos corredores são dispostos em um padrão retangular repetitivo, um padrão de circulação tradicionalmente adotado por supermercados, farmácias e lojas de utilidades domésticas. As vantagens de seguir esse modelo são compras mais rápidas, controle de estoque simplificado e instalações padronizadas para exibição de mercadorias. Não é um *layout* atraente, agradável ou interessante, mas essencialmente prático. Para amenizar essas impressões, pode-se recorrer aos recursos de sinalização adequados e materiais de *merchandising* que melhorem a experiência de compra, tornando-a mais agradável e lúdica.

Existem varejistas que adotam o *layout* livre onde o posicionamento de corredores e prateleiras segue um padrão livre, em vez de uma grade, conforme argumenta Malhorta (2013, p. 16). As vantagens de trabalhar com o *layout* livre envolvem o realce do ambiente de loja e da experiência de compra do consumidor, que se torna mais interessante. Os consumidores sentem-se incentivados e provavelmente examinam a mercadoria mais à vontade, tornando mais fácil assumirem compras não planejadas.

Algumas formas de trabalhar com o *layout* livre são transformar espaços na área de vendas em loja dentro de loja, com mercadorias separadas por categorias, expostas individualmente. Alguns exemplos são a seção de cosméticos, onde shampoos, condicionadores, hidratantes, sabonetes, protetores solares podem ser transformados em uma espécie de perfumaria dentro da área de vendas. Quem procura ingredientes para um churrasco vai se encantar quando vir o cantinho do churrasco, onde carvão, sal grosso, temperos e espetos estão organizados lado a lado e oferecem até uma degustação de carnes e cortes especiais para a confraternização.

No *layout* de estrela, os corredores seguem um padrão semelhante ao de uma estrela, como pode ser conferido em perfumarias, butiques e joalherias. No *layout* de arena, as prateleiras posicionadas no fundo da loja são mais altas do que as localizadas na frente e podem ser colocadas sobre um pedestal. Tal *layout* permite que os consumidores vejam uma grande parte da gama de produtos quando entram na loja. É um *layout* adotado, geralmente, por livrarias e butiques.

As opções de *layout* são variadas e podem ser combinadas entre si. Decidir qual é a melhor opção envolve pesquisas de comportamento do consumidor, observações no ponto de venda, visitas à concorrência e acompanhamento de hábitos do consumidor.

4.5. O design de loja como aliado para produzir compras memoráveis e experiências únicas

O primeiro passo para o sucesso de um design de loja é a localização correta. Pesquisar a região onde a loja será inserida, hábitos de consumo, tendências, concorrência são alguns itens essenciais para ter êxito nessa empreitada. Estacionamento acessível ajuda a atrair clientes porque torna o momento da compra mais confortável, conveniente e seguro.

Escolher o piso pode ampliar o poder de atração do estabelecimento e influenciar o momento da compra.

Vale também ajustar a decoração da loja e seus respectivos materiais para transmitir uma imagem harmoniosa, produzir ambientes que o consumidor sinta bem-estar, tenha vontade de ficar e de voltar. Tais materiais de decoração devem realçar os benefícios e valores da loja.

E por falar em valores, fala-se muito em sustentabilidade atualmente, um caminho sem volta em todas as esferas mundiais. E a sustentabilidade também marca presença no design de loja, como um valor entregue aos consumidores. Uma loja sustentável adota práticas que visam reduzir o impacto de suas atividades no meio ambiente. Isso significa que a loja reconhece sua responsabilidade ecológica e social, usa recursos de forma consciente e contribui para o diálogo sobre a importância da sustentabilidade.

No Brasil, dois expressivos varejistas do segmento de moda aderiram à loja sustentável, como Lojas Renner e Riachuelo. Em 2022, a Renner abriu as portas da primeira loja que atende ao novo formato de sustentabilidade proposto pela empresa, chamado de "loja circular". O projeto deve colaborar para reafirmar o compromisso da empresa com práticas de sustentabilidade, um dos pilares defendidos pela empresa desde 2014.

Conforme informações da Revista Exame, a primeira loja neste formato foi inaugurada no *shopping* Rio Sul, localizada no Rio de Janeiro (RJ). A unidade já existia e foi reformada dentro do cronograma da empresa. O objetivo era utilizar uma loja já consolidada, com público cativo e boa circulação de clientes. O projeto da loja foi cuidadoso, envolveu diversos pontos de reforma, desde o uso de aço estrutural até o consumo de água e descarte de roupas, para gerar o mínimo de impacto possível no meio ambiente.

Tudo começa com os materiais de obra: a Renner deixou de usar, nessa loja, 8,5 toneladas de aço estrutural, já que foram priorizados materiais mais sustentáveis, reciclados ou recicláveis. Ainda na parte pré-operação, a companhia conseguiu reaproveitar 97% dos materiais utilizados, deixando de destiná-los a aterros. Para isso, a companhia escolheu cuidadosamente os fornecedores e levou a eles, desde o design do projeto, todos os objetivos a serem atingidos com a nova loja: usar menos matéria-prima, reduzir resíduos e levar em conta outros fatores relacionados à economia circular.

Na parte de energia, a loja é abastecida por energia renovável, originada de fonte eólica. Segundo a Renner, a emissão de gás carbônico evitada na construção e operação da loja, em 20 anos, corresponde à restauração de uma área de 1,5 hectare de Mata Atlântica. E, no consumo de água, a loja deve consumir 56% menos do que empreendimentos com padrões de construção tradicionais, o que deve gerar uma economia de 420 mil litros por ano.

E, ainda no aspecto pré-abertura, todos os móveis da loja foram desenvolvidos de forma sustentável. Novamente, a Renner afirma que priorizou o uso de materiais recicláveis e diminuiu a quantidade de materiais utilizados, com redução de 37% na quantidade de MDF, além da eliminação do uso de vidro e pinturas, por exemplo.

A Riachuelo apostou na abertura da loja do amanhã, uma nova unidade modelo da rede que chega com atributos mais sustentáveis, cuja primeira loja foi inaugurada em Jacarepaguá, no Rio de Janeiro, em um espaço completamente diferente. Denominada "Loja do Amanhã", é a 13ª loja com adoção de forro técnico, que auxilia na redução da reverberação acústica, e uso de tintas à base d'água com menos emissão de poluentes, compostos orgânicos voláteis e com elementos que remetem à biofilia, estilo que faz referência ao amor à natureza, conforme informações do *site* Geek Publicitário.

Focada em garantir uma redução de água, o projeto faz uso de bacias com caixa acoplada e uso de temporizadores nos mictórios e torneiras, que garante 40% a menos de consumo. Para a iluminação, a Riachuelo fez uso de tecnologia LED que fornece uma redução de até 60% de energia, além de resultar na maior qualidade do ambiente, promovendo saúde e bem-estar aos colaboradores e clientes, conforme o *site* GKPB (2022).

Outro recurso utilizado é o ar-condicionado com volume refrigerante variável e um sistema de alta tecnologia e alta eficiência energética, que faz uso de gás ecológico e pode permitir uma redução no consumo de energia entre 20% e 30% em relação ao sistema de equipamentos convencionais.

Ainda no quesito energia, a loja já nasce com recursos 100% proveniente de fontes renováveis, visando menor impacto ambiental, garantido por meio da aquisição do Mercado Livre de Energia.

Além disso, alinhado aos valores da empresa em propor cada vez mais iniciativas de Diversidade e Inclusão, os provadores da loja de Jacarepaguá são sem gênero e com divisórias que vão do pé direito até o chão para garantir privacidade, conceito adotado em todas as lojas inauguradas desde 2019.

A nova unidade ainda recebe o programa de economia circular da varejista. Em parceria com a Liga Solidária e Cáritas Brasileira, a Riachuelo disponibiliza coletores para recolher peças de roupas usadas e dar um novo destino a elas.

O programa gera empregos e renda além de beneficiar 13 mil crianças, jovens, adultos e idosos em situação de alta vulnerabilidade social, que são atendidos pela entidade sem fins lucrativos.

Os exemplos de Renner e Riachuelo, vinculados à sustentabilidade, são fatores de design aliados a valores agregados. Chegar neste estágio envolve percorrer um caminho onde o básico já foi feito e o varejista deseja entregar algo a mais para os consumidores. E o básico envolve além da fachada planejada, estacionamento acessível, pisos adequados à circulação e à proposta da loja, materiais de comunicação visual e decoração agradáveis e que estimulam a permanência do consumidor, expositores responsáveis por entregar informação como preços, materiais envolvidos na fabricação do produto, curiosidades e diferenciais das mercadorias, além de dicas de uso.

O ponto final desse percurso está na área dos caixas, a última chance do varejista entregar uma boa impressão aos consumidores antes que saiam da loja, conforme atesta Malhorta (2014, p. 82). Manter o mínimo de tempo na fila de espera e tentar transformar esse momento em uma experiência agradável com um funcionário atendendo clientes na fila e esclarecendo dúvidas sobre embalagens, tamanhos, formas de pagamento, é uma opção.

4.6. Visual merchandising

Apresentar produtos de modo mais atraente, como se os produtos "conversassem" com os consumidores, como se o varejista se comunicasse com seus clientes por meio dos produtos, com o auxílio de imagens ou apresentações. Esta é a finalidade do *visual merchandising*, poderoso aliado na organização e apresentação de produtos, ferramenta democrática que pode ser utilizada por qualquer tipo de formato varejista, como padarias, açougues, farmácias/drogarias, perfumarias, entre outros.

Quando utilizado de forma planejada, o *visual merchandising* atua como um vendedor silencioso na área de vendas, valorizando produtos e marcas, tanto de fornecedores quanto de varejistas. Diversos aspectos devem ser considerados no planejamento de *visual merchandising* como apresentação das mercadorias, acessibilidade dos produtos (consumidor gosta de tocar, experimentar produtos), conjunto equilibrado de opções de compra, com estruturação adequada do sortimento de produtos.

Para organizar uma exposição, pode-se contar com o auxílio de alguns aliados como o planograma, desenho esquemático de prateleiras ou de qualquer outro tipo de instalação que ajuda a otimizar a utilização de espaço disponível em uma loja de varejo, considera Malhorta (2014, p. 99). Entre as funções do planograma estão facilitar a reposição do produto, criar uma imagem uniforme para uma cadeia de filiais ou franquias, habilitar o planejamento anterior da alocação de produtos. Outra função é habilitar a força de vendas a manter um registro do número de itens exibidos associados aos sistemas de controle de estoque da loja, ajudando assim a evitar problemas de falta de estoque.

O *visual merchandising* também trabalha com os cinco sentidos do consumidor, como visão, olfato, audição, tato e paladar. A organização da loja, segundo os princípios do *visual merchandising*, busca estimular os cinco sentidos do consumidor para proporcionar experiências de compra mais agradáveis e inesquecíveis.

Malhorta (2014, p. 117) atesta que o potencial para influenciar consumidores por meio dos cinco sentidos é bem conhecido pelos varejistas, que atribuem essa função a ambientação de loja. Ao passar por uma loja, muitas vezes apenas alguns segundos determinarão se um consumidor entrará ou não. Imagine que um consumidor está em um *shopping center* e passa na frente de uma loja de roupas. A vitrine decorada com um tema sazonal chama a atenção do cliente, que interrompe seu percurso para apreciar a decoração e conferir as mercadorias expostas. Enquanto verifica os produtos da vitrine, o consumidor nota a agradável música de fundo e sente um delicado aroma cítrico na entrada da loja. É um exemplo de como o *visual merchandising* conseguiu estimular visão, audição e olfato do consumidor e, consequentemente, sua entrada na loja.

Estímulos visuais, bem como olfativos e auditivos causaram esse comportamento de aproximação. Porém, é preciso muito mais do que apenas fazer que os consumidores entrem na loja usando vários estímulos. Resultados mais satisfatórios podem ser obtidos pelo uso específico de música, aroma, iluminação e cor.

Quando o assunto é estimular a audição, um dos melhores aliados é a música ambiente que consegue influenciar compras, percepções de preço, qualidade e manter consumidores na área de vendas. Nas considerações de Malhorta (2014, p. 129), música lenta é uma importante ferramenta para fazer os consumidores passarem mais tempo em uma loja e também pode resultar em aumento nas taxas de compra. Estudos apontaram um aumento de vendas de até 38% quando a música era lenta em vez de rápida.

Para trazer música para dentro da loja existem algumas opções como ligar o rádio e sintonizar uma estação, comprar ou alugar mídias com músicas específicas para lojas, contratar o serviço de estações que transmitem música de fundo por satélite, estações próprias de rádio, entre outras opções. Pesquise com seus clientes a respeito do assunto e será possível encontrar a melhor opção de som ambiente e respectivo fornecedor.

Outro estímulo que rende boas vendas e boas experiências de compra é o olfato.

E o que tem a mais forte influência sobre as emoções, ligado ao sistema límbico, responsável pelas reações emocionais imediatas. Atualmente, é possível recorrer ao marketing olfativo, diversas empresas que trabalham neste segmento estão preparadas para desenvolver fragrâncias específicas para o varejo vinculadas a estímulos específicos que podem ser trabalhados. Seria como o tal "cheirinho de carro novo" que celebra a conquista de um automóvel zero quilômetro.

É importante citar que perfumes não somente marcam uma loja, mas também evocam fortes respostas emocionais, como sentir-se mais relaxado, mais animado, ou nostálgico, despertando memórias afetivas. Malhorta (2014, p. 134) considera que perfumes causam forte impacto sobre o humor do consumidor, despertando efeitos desejáveis sobre o comportamento de compra.

A iluminação interna também é um aliado na impressão gerada na primeira visita do consumidor. Um ambiente bem iluminado aumenta compras por impulso, elevando o nível de estimulação de uma pessoa.

É possível ainda usar iluminação diferente para realçar setores e mercadorias. Existem cinco possibilidades diferentes de iluminação, conforme considera Malhorta (2014, p. 140):

> Iluminação geral: refere-se à loja inteira. Não há nenhum foco sobre um produto ou uma parede especial. Em outras palavras, essa iluminação é apenas de fundo e deve ser suficientemente intensa para induzir os consumidores a visitar a loja toda.
>
> Se quiser que os consumidores andem por toda a loja, um sistema de iluminação linear os ajudará a achar o caminho. Esse sistema é instalado na parte de cima dos corredores ou do laço principal da loja, enquanto outros são usados para o resto da loja.
>
> Luz pode e deve ser usada para destacar produtos. Dependendo do modo como apresenta sua mercadoria, é possível usar iluminação direcional, isto é, um feixe de luz dirigido ao produto, ou um sistema de luz pontual.
>
> Em alguns casos, uma luz defletida poderá trazer mais charme para as mercadorias. Os produtos não são iluminados diretamente, mas indiretamente, com a utilização de um material adicional, como madeira ou metal.
>
> Finalmente, o próprio móvel que você usa para apresentar a mercadoria pode ser iluminado. Isso é denominado iluminação de especialidade, conceito muito adotado em joalherias, capaz de deixar as joias ainda mais brilhantes.

(Malhorta, 2014, p. 140, 141)

Além disso, com iluminação é possível criar ilusões óticas. Por exemplo, uma loja pode parecer maior com luz projetada nas paredes ou aumentando a luminosidade do teto. Do mesmo modo, se uma loja tiver teto baixo, pode-se usar iluminação difusa sobre uma superfície de cor clara para que pareça mais alto.

4.7. Pontos principais para uma boa organização

Varejistas sabem que posicionar produtos na altura dos olhos do consumidor é a regra de ouro da lucrativa exposição de produtos. Produtos colocados na altura dos olhos do consumidor tendem a vender significativamente melhor do que aqueles colocados em outras alturas na prateleira porque recebem mais atenção do que os colocados abaixo ou acima. Esse princípio é tão poderoso e pode ser aliado às quatro zonas verticais distintas:

Altura do braço esticado (acima de 1,80m): é uma das zonas de prateleira menos valiosas. Prateleiras nesse nível recebem relativamente pouca atenção dos consumidores. Além do mais, somente produtos leves devem ser colocados nessa zona para evitar possíveis acidentes. Algumas instalações de lojas modernas acabaram de vez com o nível do braço esticado. Essa decisão tem a vantagem de fazer a loja parecer mais arejada e menos lotada. Além disso, como as prateleiras são mais baixas, a visão dos consumidores não é bloqueada. Essa posição pode induzir mais consumidores a visitar os fundos da loja.

Altura do olho (entre 1,20 e 1,50m): consumidores só podem comprar o que veem, e o que está em seu campo de visão recebe a maior atenção. Há muito tempo varejistas perceptivos sabem que produtos exibidos na altura dos olhos vendem melhor. Essa suposição é apoiada por estudos de pesquisas que usam a tecnologia do rastreador ocular. Um estudo constatou que produtos colocados na altura dos olhos receberam 35% mais atenção do que os colocados em uma prateleira mais baixa. Vale destacar que dizer que a "altura do olho" está entre 1,20 e 1,50 m é apenas uma aproximação. A visão periférica de uma pessoa estende-se até 30 graus em relação a seu ponto focal central em todas as direções. Por consequência, quanto mais longe os consumidores estiverem de uma prateleira, mais larga será a zona do nível do olho. Quando se vendem produtos dirigidos a crianças, a zona da altura do olho está obviamente localizada mais abaixo na prateleira. No entanto, essas constatações básicas continuam válidas também para crianças que costumam pedir para seus pais comprarem produtos posicionados na sua própria altura dos olhos.

Altura do toque (entre 0,90 e 1,20m): Esse nível está localizado aproximadamente à altura da cintura do consumidor. Produtos colocados nessa zona recebem mais atenção do que aqueles no nível do braço esticado e do agachamento, mas também um pouco menos de atenção do que os colocados no nível do olho. Ainda é uma zona desejável para colocar itens de alto lucro.

Altura do agachamento (inferior a 0,90m): Consumidores não gostam de se agachar, ou, no caso de idosos ou portadores de necessidades especiais, podem não ser capazes de fazê-lo. Além do mais, em geral, esse espaço não está no campo de visão dos consumidores quando percorrem uma loja. Por isso, esse nível, no varejo, é onde a mercadoria de baixa margem encontra seu lugar. Produtos pesados também são colocados nessa zona por razões de segurança e para facilitar a seleção pelos consumidores. (MALHORTA, 2014, p. 25)

Cores também podem impactar experiências de compra tornando-as memoráveis. Desempenham um papel importante na construção de imagem de varejo. Podem ser usadas para criar facilmente uma ambientação atraente na loja e formar associações vinculadas à cultura e aos costumes. As cores também podem ser associações a diversas emoções e imagens como pode ser observado a seguir:

Cor	Associação
Branca	Pureza, limpeza, refinamento, frieza
Preta	Elegância, alta qualidade, poder, maestria
Amarela	Alegria, frescor, vitalidade, conforto
Verde	Natureza, esperança, calma, relaxamento, frescor, saúde, liberdade
Azul	Calma, graciosidade, segurança, harmonia, amizade, esperança, autoridade

Vermelha	Estimulação, excitação, vitalidade, atividade, novidade, força
Laranja	Poder, disponibilidade, informalidade
Marrom	Estabilidade, segurança, vida diária, madeira, árvores, terra
Dourado	Elegância, exclusividade, poder, riqueza
Prata	Feminilidade, frieza, inacessibilidade

Fontes: Wexner (1954); Angermann (1989); Kanner (1989) apuδ Malhorta (2014, p. 143)

4.8. Sinalização digital – Merchandising 3D

Utilizar painéis digitais para trazer informações com diferentes tipos de conteúdo é a proposta da sinalização digital. Ela pode ser utilizada internamente, mas também serve para publicidade, *merchandising* 3D e promoção de vendas. Um de seus benefícios é contribuir para a melhoria da experiência de compra do consumidor, informando, reduzindo custos com impressão, criando espaços publicitários e fortalecendo identidade de marca.

Nas considerações de RIVA *et al.* (2013, p. 126), a sinalização digital é uma das principais ferramentas que vêm ganhando adeptos em todo o mundo na busca por auxiliar o consumidor e, consequentemente, sua compra no ponto de venda. O motivo é a interação e conexão com o consumidor oferecida por essa ferramenta.

Entre as opções de sinalização digital estão canais de notícias, que transmitem informações e entretenimento, comunicação interna, para favorecer o diálogo com funcionários e melhorar a comunicação de avisos de recursos humanos, além das informações sobre produtos e serviços para incentivar o interesse do consumidor. Tais informações podem envolver dados nutricionais, descritivos, potenciais combinações, detalhes técnicos, fortalecer a identidade da marca, auxiliar na decisão de compra do consumidor e entregar mais conveniência ao cliente, para simplificar decisões de compra e trazer mais eficiência à experiência de compra ou consumo. Tudo isso faz parte das atribuições do *Merchandising* 3D.

Para utilizar a sinalização digital, é necessário realizar um planejamento, definir os equipamentos necessários, como instalação de telas e softwares para gestão do conteúdo, além de manutenção e suporte técnico. Durante todo esse trabalho, vale a pena conferir a instalação elétrica para evitar imprevistos.

Entre as vantagens da sinalização digital, está o objetivo de agregar valor ao negócio. Se o sistema utilizado for incapaz de trazer eficiência à empresa, toda a estratégia deve ser repensada. Por isso, é importante reforçar a necessidade de equipamentos e softwares adequados, assim como de uma empresa responsável que entenda as suas necessidades. A partir disso, vários benefícios podem ser alcançados como a melhoria da comunicação, uma vez que cada projeto tem um objetivo comunicacional. O contato com clientes e colaboradores deve ser flexível, personalizado e interativo. Com a sinalização digital, esses são os propósitos alcançados. Isso acontece pela dinâmica de apresentação dos conteúdos, que podem até envolver técnicas de vendas e *cross merchandising*.

Existe ainda a versatilidade de conteúdo. As telas de sinalização digital podem ser utilizadas em qualquer lugar, inclusive locais públicos. Todo o conteúdo é gerenciado remotamente e definido com antecedência. Como consequência, ele está alinhado aos objetivos do negócio. Em caso da necessidade de mudança, as alterações também podem ser feitas com rapidez. Essa versatilidade evita imprevistos e prejuízos à empresa.

O conteúdo apresentado na sinalização digital é segmentado para determinado público-alvo. Ele pode ser customizado a qualquer momento para atingir as pessoas certas no momento mais correto. Isso tende a aumentar a fidelização e o engajamento. Afinal, há uma melhoria da experiência de compra e o fortalecimento da estratégia de marketing, uma vez que a sinalização digital atinge o público alvo esperado de uma forma personalizada. A medida vale tanto para clientes quanto para colaboradores. De ambos os lados, o propósito é oferecer a **melhor experiência possível** para incentivar o engajamento.

Na sinalização digital, as telas podem ficar ligadas 24 horas por dia, o que aumenta a chance de visualização por parte de diferentes pessoas. Com isso, a empresa fica em evidência, os produtos e serviços são apresentados e há uma possibilidade maior de alcançar os objetivos esperados.

Outra vantagem da sinalização digital é a melhoria da experiência de compra do consumidor. De acordo com RIVA *et al.* (2013, p. 127), algumas utilizações da sinalização digital envolvem:

> Na vitrine: objetivo é aumentar o número de potenciais consumidores que passam pela vitrine e vão para a loja. Fazer com que o consumidor tenha interesse e informações que o façam entrar na loja e viver uma experiência de compra diferente. Para tanto, pode-se utilizar telas interativas, telas 3D, que saltam aos olhos do consumidor sem necessidade do uso de óculos e transpassam o vidro da vitrine, painéis de LED etc.
>
> Na entrada da loja: o objetivo é dar boas-vindas ao consumidor de uma forma discreta e oferecer-lhe alguma oferta que seja relevante e de seu interesse. Isso pode ser feito posicionando uma tela logo na entrada da loja, por exemplo, na altura do olhar do consumidor. Algumas lojas no mundo já estão fazendo o reconhecimento biométrico, que é o reconhecimento de uma pessoa por uma parte do corpo humano, como, por exemplo, a íris. Dessa forma, ao entrar em um ponto de venda no qual o consumidor já esteja cadastrado, será possível identificar quem é essa pessoa, seu perfil de consumo e dar boas vindas de uma forma nominal e uma sugestão de oferta específica para ela.
>
> Na recepção da loja: quando falamos em lojas que têm a área de recepção, estamos, automaticamente, falando em tempo de espera para ser atendido ou ter um primeiro contato com o vendedor/atendente. Utilizamos a sinalização digital com o principal objetivo de reduzir a percepção de tempo de espera. Para tanto, podemos utilizar telas para exibição de canais de televisão, ou mesma uma televisão corporativa, uso de *games*, de telas *touch* com jogos atrativos e interativos etc.

Na loja inteira: pode-se utilizar diversos equipamentos de sinalização digital por toda a loja com o objetivo de ambientar ou criar uma cenografia para ela, dessa forma dando um ar mais moderno para o *visual merchandising* da loja. Ao espalhar esses equipamentos por toda a loja pode-se passar informações sobre ofertas, promoções, ou mesmo informações técnicas sobre os produtos, formas de uso etc. Os fornecedores podem utilizar esse espaço para passar mensagens da marca, comerciais etc.

Nas gôndolas e prateleiras: nas gôndolas pode-se usar minitelas que podem passar informações sobre o produto ou alguma promoção específica, formatos de uso, sugestão de novos usos para aquele produto. Dessa forma, é possível, também, divulgar a promoção feita pelo fabricante de forma diferenciada, e não apenas promoções feitas pelo varejista.

Nos caixas: tendo em vista que é possível ter um banco de dados com informações do cliente e, dessa forma, sugerir ou realizar promoções específicas para ele, pode-se trabalhar o relacionamento e a fidelização desse cliente com o estabelecimento.

Na área de *back office*: o uso mais importante e significativo pode ser sentido no *e-learning*, ou seja, no treinamento de funcionários sobre produtos e serviços das lojas, promoções ou ações de ativação que serão realizadas. (RIVA *et al.*, 2013, p. 128)

É importante entender que o cenário muda completamente o formato de pensar a comunicação no ponto de venda. É necessário que seja uma comunicação interativa e customizada que possa mudar a cada momento. Com o advento da tecnologia, é possível, de um único lugar, mudar ou criar diversas campanhas promocionais e disparar para pontos de venda em todo o Brasil via Internet, modificando os custos das campanhas, bem como sua velocidade.

4.9. Embalagens e composto de merchandising

As embalagens assumem cada vez mais importância no processo de decisão de compra do consumidor. Antes sua função estava limitada a proteção do produto. Hoje, sua função recebeu elementos como forma, cor, texto que conferem mais capacidade de diferenciação nas prateleiras e na percepção do consumidor. Não é à toa que o segmento está se aperfeiçoando cada vez mais com cursos de pós-graduação especialização, MBA (*lato sensu*) e mestrado, doutorado (*stricto sensu*). Designers de embalagens, varejistas, fornecedores estão cada vez mais conscientes do poder de atração e o fascínio que a embalagem exerce na mente e no coração do consumidor, despertando desejos e motivando compras.

De acordo com Blessa (2005, p. 19), a percepção da embalagem é uma força excitante que pode impelir o consumidor à aquisição do produto embalado. Há todo um complexo processo, que começa no indivíduo a partir do momento em que é excitado e termina no ato de adquirir o objeto visualizado. Nesse processo, na maior parte das vezes, a razão não intervém, embora o indivíduo esteja sempre pronto a racionalizar seu comportamento. Contudo, não podemos esquecer o trabalho prévio executado pela propaganda, que prepara o subconsciente do consumidor, condicionando-o a uma escolha.

A unidade total de todos os pormenores que compõem a embalagem deveria inspirar a confiança no consumidor e permitir-lhe fazer suas associações de ideias, de pensamento, que podem conduzir a uma probabilidade de compra. Para chegar lá, a embalagem precisa ter visibilidade, características que atraem a atenção do consumidor, envolvendo cores, formatos, texturas. Afinal, a embalagem é o cartão de visitas do produto, da marca e muitas vezes, desperta o desejo do consumidor em possuir o produto apenas pela atração externa gerada.

Alguns fatores importantes a serem analisados por profissionais de *merchandising* e de design de embalagens foram apontados por Blessa (2005, p. 20) e são os seguintes:

O produto ou marca é identificado prontamente de longe? (visualização rápida a quatro metros de distância)

> A embalagem caracteriza claramente a natureza do produto? (seu uso/finalidade)

> Rapidamente entendemos o que o produto faz? (clareza da apresentação/mensagem)

A embalagem atrai seu olhar? Chama a atenção entre os concorrentes nas prateleiras?

Se o produto for montável, elétrico, mecânico ou eletrônico, tem especificações suficientes para uma rápida decisão de compra? (voltagem, capacidade, potência)

Tem instruções rápidas de uso atrás ou nas laterais?

Várias embalagens juntas formam figuras maiores? Formam um bom conjunto ou confundem o visual?

A embalagem tem tamanho apropriado para as gôndolas ou *displays* de vários tipos de loja?

Foi testada na fábrica para proteger o produto e manter sua qualidade?

Está legalmente aprovada? (selos, chancelas do governo/atestados de qualidade)

Seu material é resistente a seu uso e contato? (plastificação, resistência do papelão)

Está registrada? (marca/design)

(Blessa, 2005, p. 20)

A cor da embalagem é um elemento que atinge o olhar do consumidor em primeiro lugar. Por meio da cor, é possível elevar o poder persuasivo da embalagem, combinando esse elemento com a colocação e arrumação da embalagem em uma vitrine ou em uma prateleira. Tais fatores podem criar uma linha de embalagens na mesma categoria, formando um design semelhante a um verdadeiro *outdoor* na gôndola, potencializando a imagem de marca e elevando a atração junto ao consumidor.

Blessa (2005, p. 21) recomenda que embalagens de tamanhos maiores devem ser agrupadas em módulos múltiplos dos menores, para facilitar a arrumação nas prateleiras. Produtos com dimensões reduzidas precisam de cartelas chamadas de blisters para auxiliar na visualização e redução de roubos.

É possível ainda recorrer a grafismos para identificação e distinção entre os vários modelos de um produto. O importante da embalagem é o apelo motivacional, algo que "salte" aos olhos do consumidor e faça a diferença no momento da compra, agregando valor. Portanto, inovação deve ser uma palavra obrigatória no design e planejamento de embalagens e essa responsabilidade deve ser dividida entre varejo e indústria para ampliar visibilidade de marcas e melhorar a experiência do consumidor no ponto de venda.

Além do planejamento de embalagens e respectiva alocação no ponto de venda, é necessário organizar o composto de *merchandising* para gerar experiências inesquecíveis e melhorar o momento da compra. Composto de *merchandising* é planejar estratégias de *merchandising* que serão utilizadas e apresentadas ao cliente, conforme Riva *et al.* (2014, p. 129).

Assim como uma marca precisa elaborar o planejamento de marketing e comunicação, deve ter atenção também com o planejamento de *merchandising*, cujas etapas coincidem com planejamentos executados por esses departamentos. Um planejamento de *merchandising* conta com uma estrutura fundamentada por análise do ponto de venda, conhecimento do público-alvo, definição do planograma/espaço, definição de objetivos e metas, composto de *merchandising* e investimentos/verbas necessárias para a execução da ação.

Riva *et al.* (2014, p. 129) recomenda que a análise do ponto de venda envolva local de exposição, ângulo de visão, *layout* de loja, deslocamento do consumidor pela loja e disposição dos produtos, entre outros dados. É o momento de diagnosticar como o produto se apresenta no ponto de venda. Para isso, um aliado importante é a pesquisa de observação no ponto de venda, ou seja, reservar alguns dias para verificar como o consumidor compra os produtos, como a loja se apresenta para ele em diversos dias e horários, inclusive, nos momentos de pico, substituição e reposição de produtos e assim por diante.

A pesquisa de observação continua se o objetivo é analisar o público-alvo. Neste momento, é necessário lembrar que o público-alvo da comunicação/campanha é diferente do público-alvo que compra efetivamente nas lojas. Uma loja de uma marca pode ter públicos diferentes uma vez que está situada em bairros diferentes. Tais diferenças impactam na seleção de produtos da loja, na organização da vitrine, na estratégia de *merchandising*, no atendimento oferecido pela força de vendas, por exemplo.

Quando o assunto é planograma/espaço, os espaços disponíveis são determinados para se trabalhar nas lojas, considerando características de cada tipo de canal. Dessa análise física pode-se determinar/escolher que tipo de material será usado para cada tipo de canal e qual o volume/características desse material, recomenda Riva *et al.* (2014, p. 130). Por exemplo, uma marca pode ter seu produto comercializado em supermercados, farmácias e lojas de conveniência, ou seja, em canais de venda diversos. Para ter êxito, o ideal é organizar um planejamento de materiais para cada tipo de canal, olhando para a relevância de cada material em cada um, assim como o espaço que ocupará.

O próximo passo é a definição de objetivos e metas. Tais itens devem estar vinculados aos objetivos e metas estabelecidos no planejamento de comunicação e marketing da marca.

E a fase final envolve o composto de *merchandising*, formado por planejamento de ações, campanhas e etapas. As técnicas que serão utilizadas como vitrinismo, aromatização, sinalização, iluminação, sonorização. As ações como degustação, demonstração, distribuição de amostras. A lista de materiais de *merchandising* que entrarão em cena como *wobbler*, móbiles, adesivo de chão, entre outros. Os recursos humanos que empregam todas as pessoas envolvidas para o sucesso da operação. A logística e distribuição de materiais que define como os materiais chegarão aos pontos de venda. E o último passo é o controle e avaliação, onde os mecanismos de controle e avaliação durante o processo são escolhidos.

Todas essas etapas devem ser planejadas de acordo com o investimento do cliente, listando os valores de todos os itens pertencentes ao composto de *merchandising*.

CAPÍTULO V
MERCHANDISING NAS REDES SOCIAIS

Thaís é uma adolescente residente na região metropolitana de São Paulo (SP). Curte redes sociais e adora conferir tutoriais de maquiagem. Muitas vezes, inspirada pelos tutoriais, ela visita as redes sociais da marca mencionada pelas influenciadoras, vai ao ponto de venda físico e efetiva a compra dos itens usados pelas influenciadoras nos vídeos.

Thaís também gosta de conferir textos de blogs com resenha completa sobre produtos, marcas e serviços, destacando seus prós e contras. Já tomou diversas decisões de compra fundamentadas nessas resenhas. Assim como Thaís, diversos consumidores repetem esse comportamento híbrido, de conferir vitrines, produtos e marcas em ambientes *online*, como redes sociais, e efetivar a compra em ambientes *off-line*, como lojas de departamento, supermercados, *shopping centers*.

Para atender esse consumidor híbrido, o *merchandising* também passou por algumas mudanças em seus conceitos, evoluindo e adaptando-se a nova jornada de compras de consumidores como Thaís, incorporando estratégias de marketing digital. Desta forma, questionamentos como onde, para quem, por quanto tempo exibir um produto são necessários para o planejamento do *merchandising* digital que soma informações envolvendo preços competitivos, design de embalagem coerente e campanha atrativa, assim como o consumidor vai ver o produto, como escolher a plataforma ou vitrine virtual.

Tais incrementos de marketing digital ao *merchandising* foram necessários porque assim como Thaís, mais pessoas estão confiando no comércio eletrônico e acessando variados *sites*, lojas virtuais e redes sociais. E o *merchandising* transformou-se em uma estratégia utilizada na Internet para atrair consumidores para determinadas marcas.

O *merchandising* digital caminha a passos largos para proporcionar uma experiência de compra inesquecível ao consumidor, aumentar o tíquete de compra e ampliar a satisfação do cliente, argumenta SAMY (2022). Atualmente, fala-se em três tipos de *merchandising* digital, como *campaign – based merchandising* (baseado na segmentação de usuários de forma predefinida por cruzamento de dados do perfil, histórico de ações em comum do público. Nesta versão, considera-se o comportamento ou interesses similares demonstrados no ponto de venda).

Outra modalidade é o *contextual merchandising*, ou *merchandising* dinâmico, que agrupa informações, promoções ou descontos, customizados através de estudos de perfis pessoais, para disparar uma promoção única para cada cliente.

E o *merchandising* digital conta ainda com o *algorithmic merchandising*, customizado ou muito segmentado de acordo com algoritmos específicos de comportamento. Neste caso, o anúncio pode ser veiculado para uma pessoa, enviando promoções com base nas suas ações, compras ou buscas na Internet.

Além dessas modalidades, o *merchandising* digital exige técnicas e boas práticas, a exemplo do *merchandising* praticado nos ambientes *off-line*. Tais práticas envolvem cuidados com a localização e disposição de produtos, utilização de cores, ilustrações, *mockups,* e fotos reais do produto, utilização de identidade visual da marca para reconhecimento do público, segmentação dos produtos de acordo com a categoria do negócio, aplicação de calendário sazonal, para aproveitar datas específicas como Natal, Dia das Mães, entre outras oportunidades, visibilidade de produtos, rotulagem e informações dos produtos, ferramentas e canais de distribuição adequados como blogs, redes sociais, *marketplaces* e *e-commerces,* reconhecidos como vitrines virtuais de produtos.

Para dar certo, a recomendação é caprichar na seleção de produtos, conteúdos e telas (recursos digitais como redes sociais). Acertar nessa combinação exige pesquisas que podem ser feitas com o auxílio de diversas ferramentas tecnológicas e ciência de dados para descobrir, por exemplo, o perfil do público-alvo e tipo de conteúdo que deseja consumir para comprar. Atualmente, o conteúdo apreciado por muitos consumidores no meio *online* é produzido por blogueiras e influenciadoras digitais, que elaboram vídeos detalhando produtos e marcas.

As oportunidades são imensas e podem se adequar ao tamanho e verba das empresas. No entanto, seja tradicional ou digital, é preciso entender que uma boa estratégia de *merchandising* precisa passar pelos dois ambientes, respeitando o comportamento do consumidor moderno. No ponto de venda físico é fundamental adotar boas práticas para exibir e oferecer produtos, assim como na internet, por ser o lugar de compra e busca mais estratégico.

5.1. Influenciadores digitais e o merchandising

As contas de pessoas famosas nas redes sociais costumam ter muitos seguidores, gerando uma oportunidade de visibilidade para marcas, produtos e serviços. Atrizes, atores, cantores, cantoras têm a capacidade de influenciar o consumo de diversas formas, como espaço, roupas, alimentos, modo de vida etc. E muitas vezes, ganhar credibilidade não significa aparecer em programas, séries ou filmes de TV. Um influenciador digital pode ser um blogueiro que escreve sobre vida saudável e posta conteúdo sobre sua alimentação e seus treinos. Além de vender seu modo de vida, o *digital influencer* também incorpora em suas páginas estratégias de marketing e *merchandising* de empresas de diferentes áreas de atuação como lojas de alimentos saudáveis, academias, marcas de roupas para a prática de exercícios, entre outras. Sua página na rede social é uma espécie de diário e ao mostrar seu cotidiano, em fotos ou vídeos, acontecem diversas oportunidades de *merchandising*.

Tal comportamento reflete a procura de consumidores por informações e recomendações de produtos, marcas e serviços. Antes, clientes visitavam as lojas físicas para coletar todo tipo de informação que podiam sobre produtos e tomavam suas decisões nessa ida – as lojas físicas eram provavelmente a única fonte de qualquer informação sobre o produto. Atualmente, os influenciadores digitais estão desempenhando essa função, entregando opiniões sobre marcas e serviços.

Como estudo de caso, pode-se considerar o exemplo da influenciadora Carol Borba, instrutora *fitness*, com conta no Instagram e Youtube. Seu perfil no Instagram conta com 2,1 milhões de seguidores (dados de dezembro de 2022) e seu conteúdo mescla dicas de treinos, nutrição e saúde (@carolborba1). De tempos em tempos, Carol rende-se ao *merchandising* de marcas e produtos, como a marca Power 1 One, grava vídeos utilizando determinados itens e distribui cupons digitais com descontos para os seguidores que desejam experimentar.

Outro exemplo é o da influenciadora Gabriela Bonini, publicitária que iniciou seu perfil no Instagram e no YouTube quando estava noiva e decidiu postar o processo de compra e adequação do seu apartamento para a vida de casada e atualmente posta seu cotidiano como mãe e dona de casa. Seu perfil "Nosso apê 32" mudou para @gabicbonini para receber seu novo conteúdo e ela conta com quase 51 mil seguidores no Instagram que acompanham sua rotina e de sua família. Ela também divulga marcas, produtos e respectivos cupons de desconto para seus seguidores em suas ações de *merchandising*. Uma das marcas que marcam presença em seu *feed* de notícias é a Swift. Ela produz vídeos de receitas com os itens da marca e convida suas seguidoras a fazerem as receitas, e deixarem seus comentários com a *hashtag* "receitas com amor" e marcarem a influenciadora. Em dezembro de 2022, Gabriela Bonini recebeu o prêmio ABC da Comunicação, na categoria melhores influenciadores – categoria Maternidade e Família.

Ter um influenciador para chamar de seu, para gerar identificação com o público, divulgar ações e promoções da marca e levantar bandeiras de causas apoiadas pela instituição são possibilidades consideradas por várias empresas. E ganharam vida graças aos influenciadores digitais virtuais elaborados por empresas como Magazine Luiza e Casas Bahia.

Magazine Luiza é um varejista tradicional no mercado brasileiro, presente em 17 estados brasileiros, mais de mil lojas, cerca de 18 milhões de clientes ativos e mais de 25 mil colaboradores, conforme informações de mercado. Em 2003, a Magazine Luiza criou a Lu, avatar da rede, que foi aprimorada pela empresa e eleita em 2022 como a influenciadora virtual mais seguida do mundo com aproximadamente 55 milhões de seguidores somados nas redes sociais, conforme pesquisa feita pelo site Virtual Humans, em seu levantamento The Most-Followed Virtual Influencers, conforme informações de PACETE (2022).

O investimento na influenciadora Lu levou o Magazine Luiza a ser a primeira varejista do mundo a ter mais de 1 milhão de seguidores no YouTube. A personagem e a marca totalizam cerca de 14,4 milhões de seguidores somando Facebook, Instagram e YouTube.

O gerente de marketing Pedro Alvim (apud SUTTO, 2019) considera que o foco dessa estratégia é democratizar o acesso ao digital por meio do consumo. Assim conseguem-se mais clientes de todas as camadas sociais. Segundo ele, a empresa trabalha em cima de três pilares como acesso ao dispositivo, acesso à Internet e acesso ao conhecimento.

A Lu é uma ferramenta de marketing crucial para o terceiro pilar, a empresa deixou de ser apenas uma varejista para se transformar em uma plataforma em que o cliente pode encontrar tudo o que quiser. O executivo considera que Magazine Luiza tem uma plataforma de *marketplace* poderosa e o consumidor tem um papel importante nesse cenário digital.

Nas redes sociais como Instagram e Tik Tok, Lu do Magalu compartilha experiências e indicações com marcas, produtos e serviços, como *notebooks*, televisores, amaciantes, ofertas, dicas de cuidados domésticos, moda, eventos sazonais como Consciência Negra, entre outros. O conteúdo eclético agrada a diversos públicos e segue uma espécie de cartilha de aprendizados de negócios e marketing que funcionou para o Magazine Luiza, como buscar referências fora de seu segmento, como Shudu Gram e Noonoouri, influenciadoras digitais na área de moda. Outro ensinamento é mostrar vulnerabilidade, para gerar empatia, uma vez que durante uma história, as pessoas admiram o personagem mais pelas tentativas do que pelo sucesso. A personagem digital também se posiciona em assuntos atuais, como dia da mulher, que gerou uma campanha que dizia "em briga de marido e mulher se mete a colher sim". O gerente de marketing observou que essa campanha respondeu pela venda de 20 mil unidades de colheres a R$ 1,80, estoque esgotado em quatro horas.

Para gerar mais sinergia na Internet, o gerente de marketing de Magazine Luíza recomenda conhecer sua audiência e entender quem é o seu público em cada plataforma, para produzir conteúdos mais assertivos. Por exemplo, no YouTube, Lu da Magalu é acompanhada por um público mais jovem, fãs de *games*, o que inspirou a personagem digital a fazer vídeos com dicas para jogos como Fortnite.

Outro influenciador virtual de destaque nas redes sociais e no *merchandising* digital é o CB das Casas Bahia. CB é a versão atualizada do Baianinho, mascote das Casas Bahia, criado em 1960. Ele cresceu para acompanhar a evolução do varejo brasileiro. Além de assumir um novo papel institucional, sua nova versão chama-se CB.

O lançamento do personagem ocorreu em 2020, em um esforço das Casas Bahia para rejuvenescer sua marca e se adaptar para um futuro digital, assumindo um novo biotipo, mais jovem, com novo nome e novo visual, com direito a troca do chapéu de couro por um boné, conforme informações de FILIPPE (2020).

Criada pela agência Y&R, a campanha de lançamento do personagem estreia nas redes sociais e na TV, em rede nacional, com o filme "Quero ser grande". A intenção é falar com uma linguagem leve, animada e expressiva, se comunicando com entusiasmo e contando com uma apresentação em Libras.

Ainda como parte do lançamento, nas redes sociais, o Baianinho faz uma viagem pelos quatro cantos do Brasil levantando a bandeira da sustentabilidade em temas de atuação da rede varejista, como reciclagem, economia circular e de baixo carbono, logística reversa e descarte correto do lixo eletrônico.

A nova fase da marca exige um porta-voz que personifique esses valores. Transformar o Baianinho no jovem CB permitirá que ele se comunique com os clientes e que também atue como mais um ponto de humanização no relacionamento em diferentes temas", afirma Roberto Fulcherberguer, presidente da Via Varejo.

Além de ser hiper conectado, CB também é um ativista em causas ambientais, sociais e sustentabilidade. CB manteve o lado divertido, mas assumiu responsabilidades de ser o porta-voz da marca, prestando assistência aos clientes e traduzindo a linguagem digital para os consumidores mais velhos. Ele incorpora tarefas do *merchandising* digital, como prestar assistência na jornada de compra do consumidor, dando dicas sobre produtos e serviços.

A transformação do Baianinho no jovem CB permitirá que ele se comunique com os clientes e que também atue como mais um ponto de humanização no relacionamento com o cliente e em diferentes temas como a tecnologia e a sustentabilidade. São frentes que também dão a tônica na transformação em andamento na companhia desde 2019, afirma o presidente da Via Varejo.

Nas redes sociais, CB apresenta-se como apaixonado por *games*, diversidade, cultura pop, sustentabilidade e brasilidade. Ele divulga ações e promoções das Casas Bahia, menciona diversos produtos como amaciantes, lava roupas, televisores, levanta bandeiras como manifestos antirracistas e até entra em debates clássicos dos lares brasileiros, como qual seria a marca de achocolatado preferida para fazer brigadeiros.

Em 2022, CB estreou como *streamer gamer* no metaverso. Com informações do *site* Uol, o personagem usou uma tecnologia desenvolvida pela Via, Meta e 3 C Gaming em um *gameplay* de Horizon: Forbidden West e Free Fire ao vivo. A estreia dele foi transmitida em seu perfil no Facebook Gaming.

5.2. Varejo no Metaverso

Como observado no item anterior, Casas Bahia está presente no Metaverso, com sua mascote digital CB. Outras empresas também estão atentas a essa tecnologia. A estimativa é que em 2026, um quarto das pessoas gastará pelo menos uma hora por dia no Metaverso, mobilizando 30% das empresas a disponibilizar produtos e serviços exclusivos para esta tecnologia, conforme levantamento da consultoria Gartner.

De forma resumida, Metaverso é um mundo digital elaborado a partir de tecnologias de realidades virtuais (VR) e aumentadas (AR), onde as pessoas poderão se conectar, interagir e realizar diferentes atividades relacionadas a entretenimento, educação, compras, jogos, turismo etc., com o auxílio de avatares, uma espécie de persona digital. Tal experiência depende de um tipo específico de óculos de realidade virtual, com preços ainda pouco acessíveis ao público. Porém, com a popularização crescente da tecnologia, a expectativa é que custos de produção e venda sejam reduzidos.

Conforme o *site* da Federação do Comércio (Fecomércio), o termo ficou em evidência após a Meta (empresa responsável por Instagram, WhatsApp e Facebook) anunciar a estratégia de construir um metaverso próprio nos próximos anos. De acordo com a empresa, a tecnologia permitiu, ao longo dos anos, a evolução de mensagens de texto enviadas pelo computador para *smartphones*, depois de textos para fotos, e, com os avanços nas transmissões de dados, de fotos para vídeos. O próximo passo é a criação de uma plataforma imersiva, em que as pessoas não ficarão restritas a apenas olhar, mas também conectar com amigos, trabalho e viagens, sem que a distância seja um impeditivo. Muitos especialistas acreditam que o Metaverso é o futuro da internet.

Mas engana-se quem imagina que o Metaverso é uma tecnologia exclusiva do Facebook. Empresas como Microsoft e Roblox também investem neste universo digital. Tudo indica que haverá uma evolução do comércio digital para o comércio dentro do Metaverso. O setor varejista está atento às transformações propiciadas pela tecnologia e pelas vantagens trazidas por ela. Alguns pontos a destacar são o ambiente customizável, onde o varejista pode criar a sua loja como desejar, considerando tamanho, *design*, disposição dos produtos, *visual merchandising*, entre outros. Outro destaque é o atendimento e assistência a distância, uma vez que um dos diferenciais do Metaverso é oferecer a sensação de presença mesmo em ambiente virtual. Assim, o cliente se sentirá na loja da marca, com um vendedor explicando as funcionalidades de um determinado produto, por exemplo. Será possível ainda que o consumidor veja os detalhes de cada produto graças aos recursos 3D que aumentam a sensação de realidade. Novas ferramentas tecnológicas como provadores virtuais permitirão que o consumidor experimente roupas, calçados e acessórios, além de conferir testes de cor da maquiagem adequados ao tom de cada pele.

O Metaverso também oferece mais riqueza de dados por ser um ambiente virtual, onde a coleta de informações e preferências do público torna-se mais fácil e, possivelmente, otimizará os resultados de campanhas promocionais, marketing e fidelização de clientes. Além disso, o Metaverso pode permitir que os consumidores tenham acesso a produtos que não teriam no mundo real, como itens de marcas de luxo. Marcas como Nike, Gucci, Louis Vuitton e Ralph Lauren já investem no Metaverso, sendo possível vestir avatares com produtos dessas empresas.

No Brasil, já existem iniciativas dentro do metaverso. As Lojas Renner, que contam com uma loja virtual dentro do jogo eletrônico Fortnite, já lançaram uma coleção dentro de uma loja virtual 3D que permite prova digital, interação com os itens e visualização de detalhes dos produtos. A empresa também já utilizou o mundo virtual na sua convenção anual de funcionários, permitindo conectar colaboradores localizados em diferentes países. A operadora TIM também inaugurou uma loja no metaverso que replica uma loja-conceito localizada no Barra Shopping, no Rio de Janeiro. De acordo com a operadora, a iniciativa se alinha à estratégia de entregar uma nova jornada ao cliente, integrando os mundos real e virtual. Na loja digital, o cliente pode consultar e imprimir faturas, contratar serviços, entre outras funcionalidades.

Considerando que o País ocupa os primeiros lugares em rankings mundiais de uso de redes sociais e internet, o metaverso deve seguir o mesmo caminho, de modo que esteja no planejamento das empresas para os próximos anos. Os equipamentos utilizados (óculos, por exemplo) para proporcionar a experiência de realidade virtual e aumentada ainda são caros e inacessíveis à grande parte da população, mas, num futuro próximo, com o ganho de escala, os preços serão reduzidos, impulsionando o crescimento do mercado.

E por falar na indústria da moda, o Metaverso gera caminhos que levam diretamente ao futuro. Com a pandemia, marcas de roupas precisaram reforçar seus recursos de realidade aumentada e realidade virtual para dar continuidade às suas presenças na vida dos consumidores. Um levantamento do IDC, organização líder em inteligência de mercado e consultoria nas indústrias de tecnologia da informação, telecomunicações e mercados de consumo em massa de tecnologia, aponta que, até 2023, os gastos mundiais com produtos e serviços de realidade aumentada e realidade virtual deverão crescer em 77%.

A criação ou reprodução de espaços físicos no meio virtual já é uma aposta para diversas marcas. Algumas das opções adotadas incluem a presença de vendedores, integração com *e-commerce*, gamificação e novos conceitos de *visual merchandising*.

Alguns destaques são a colaboração entre a Gucci e a marca de roupas e artigos esportivos The North Face e o jogo Pokemon Go. As empresas criaram uma coleção exclusiva, de estilo aventureiro, disponível para personalização de avatares dos jogadores. Para complementar, as lojas físicas da The North Face transformaram-se em Pokestops, pontos estratégicos para um bom desempenho no Pokemon Go.

No Brasil, a São Paulo Fashion Week, realizada em novembro de 2021 trouxe inovações dentro do campo. Em um desfile especial chamado de SPFW N'Game, peças desenvolvidas por Daniel Ueda e executadas por Alexandre Herchcovitch tinham como objetivo trazer à vida trajes usados pelos personagens do popular jogo Free Fire. Os criadores do evento ainda trouxeram um pouco do real para o virtual: uma jaqueta exclusiva foi criada para que os clientes Santander (patrocinadores do evento) a utilizassem no Free Fire. Posteriormente, as peças foram vendidas em um leilão beneficente.

O momento é de inovação e investimento em tecnologia. De acordo com Karin Tracy, *head of industry, retail, fashion/Luxury* Facebook), 98% dos consumidores americanos estão testando novas formas de comprar, novas marcas e, principalmente, novos canais de consumo. A tendência se espalha para todo o mundo.

Para ter uma loja no Metaverso, recomenda JAHARA (2022) a preparação envolve desenvolvimento de estratégias próprias, analisar e entender quais são as possibilidades do próprio negócio, conhecer as plataformas disponíveis e o que deve ser promovido dentro dela. As tecnologias estão aí para agregar valor e promover sensações e experiências úteis para alavancar novas formas de negócios.

A partir dessas análises, será possível lançar coleções especiais, promoções, ações cruzadas ou qualquer outra inovação, removendo as barreiras entre o físico e o digital. Do outro lado, os consumidores poderão comprar produtos de suas marcas favoritas no mundo real e obter NFTs referentes aos bens adquiridos para serem usados no Metaverso. Essa funcionalidade impulsionará as vendas e estimulará o foco na construção de propriedades no metaverso.

Desde o anúncio de Zuckerberg, o mundo passou a ter uma visão mais futurista do metaverso. A verdade é que passamos por um momento disruptivo para a humanidade, não só para os mercados. Antes de modificar a forma como fazemos negócios, nós estamos mudando novamente a forma como nos relacionamos.

O metaverso é uma realidade que ainda está em construção. Ele ainda não conta com toda a tecnologia integrada, mas isso não diminui sua importância diante das oportunidades que se abrem neste momento. O que o varejista precisa ter claro é que estar inserido no metaverso desde já é uma vantagem futura.

CAPÍTULO VI
EXTRAS – MERCHANDISING PARA VER E CRER – EXPERIÊNCIAS INESQUECÍVEIS NO PONTO DE VENDA

Praticar o *merchandising* no ponto de venda é uma ação multidisciplinar. Envolve planejamento, marketing, criatividade e uma boa dose de oportunidade. Neste capítulo é possível conferir exemplos praticados em varejos nacionais e internacionais, com marcas e produtos que fazem parte do cotidiano do consumidor. Em todos os exemplos, o que salta aos olhos é o excelente planejamento de unir produtos, marcas, lógica de compra do consumidor e experiências lúdicas. É ver para crer.

Figura 6.1 – Ambientação da seção de produtos para bebês, localizada nas lojas Irmãos Bretas (MG). Em parceria com a Johnson & Johnson, o varejista Irmãos Bretas organizou o Cantinho do Bebê, explorando a técnica de *merchandising* loja dentro de loja, onde todos os produtos destinados a cuidados com os bebês são dispostos em uma mesma seção, para facilitar as compras e melhorar a experiência de compra da consumidora que antes era obrigada a percorrer todas as seções do supermercado para adquirir leite, papinhas, shampoos, sabonetes, fraldas, lenços umedecidos e demais itens que fazem parte da rotina de crianças menores de dois anos. A seção trabalhou a sinalização por categorias que fazem parte da rotina de criança, separando os produtos adequados para alimentação, banho e troca de fraldas, por exemplo.

Figura 6.2 – Sinalização aérea da seção de produtos para bebês, localizada na loja Irmãos Bretas (MG). Mais um exemplo da seção Cantinho do Bebê, organizada em parceria com a Johnson & Johnson, para proporcionar às mães de crianças abaixo de dois anos uma experiência de compra mais rápida e inesquecível. Nesta foto é possível observar a separação dos itens de puericultura leve como chupetas, mamadeiras, mordedores, colheres, pratos e copos e puericultura pesada como carrinhos, banheiras, troca fraldas e cadeiras de alimentação.

Figura 6.3 – Ponto extra de protetores solares na seção de higiene e beleza, situado em loja do Carrefour, em São Paulo (SP). A organização das marcas de protetores solares em um ponto extra facilita as compras e torna a experiência única e lúdica, com a decoração formada por cadeira, bola e toalha de praia.

Figura 6.4 – Detalhe do ponto extra de protetores solares na seção de higiene e beleza, no Carrefour, localizado em São Paulo (SP). Entregar uma proposta lúdica na exposição de produtos torna as experiências de compra inesquecíveis.

Figura 6.5 – Taças para vinho na seção de adega do Carrefour, situado em São Paulo (SP). Pesquisar os hábitos de compra dos consumidores é uma estratégia para organizar o *cross merchandising*, exposição que agrupa produtos com consumo correlatos, como taças de vinho e saca rolhas.

Figura 6.6 – Acessórios e complementos para vinhos, na seção de adega do Carrefour em São Paulo (SP), dentro da proposta de desenvolvimento de *cross merchandising* na seção de vinhos.

Figura 6.7 – Seção de frutas, legumes e verduras simulando uma feira livre. O *cross merchandising* é elaborado com azeites, vinagres e temperos em prateleiras próximas. Organização do Pão de Açúcar, localizado em São Paulo (SP).

Layout com melhoria nos espaços físicos

Figura 6.8 – *Layout* da seção de frutas, legumes e verduras, com seções organizadas de forma a envolver o consumidor. Localização: Pão de Açúcar, São Paulo (SP).

Figura 6.9 – A decoração da seção de frutas, legumes e verduras com *mockups* no formato de legumes, cestas e caixas de frutas simula uma central de abastecimento que repõe os itens constantemente. Localização: Pão de Açúcar, São Paulo (SP).

Disposição dos produtos por categorias e por marcas

Figura 6.10 – Detalhe de uma gôndola de bebidas alcoólicas, com a disposição de diversas marcas de uísques. A marca White Horse conseguiu destaque na exposição graças a sua embalagem disposta a formar um pequeno *outdoor* na gôndola, conferindo mais visibilidade para a marca. Localização: Carrefour, em São Paulo (SP).

Loja dentro de loja

Figura 6.11 – Técnica de *merchandising* chamada de loja dentro de loja, aplicada na seção de produtos para crianças, no Supermercado Irmãos Bretas, em Pouso Alegre (MG). A proposta lúdica é entregue com o auxílio de materiais de *merchandising* como *stoppers*, sinalizadores e adesivos de chão com os personagens da Turma da Mônica, que estampam a marca de fraldas com o mesmo nome, da Kimberly Clark, parceira do varejista na organização do espaço.

Harry Potter na Saraiva

Figura 6.12 – O *merchandising* no ponto de venda também trabalha de forma temática, criando ambientes lúdicos em diversos formatos varejistas. Aqui Harry Potter e seu universo são transportados para uma livraria em São Paulo (SP).

Harry Potter na Saraiva

Figura 6.13 – Detalhe da coruja Edwiges, mascote do personagem Harry Potter utilizada como sinalização em ponto de venda.

Figura 6.14 – Ponto extra de Harry Potter e seus produtos em livraria em São Paulo (SP).

Figura 6.15 – Ponto extra de Coca-Cola e seus produtos em loja situada em São Paulo (SP). A geladeira com as bebidas apoia a exposição de diversos itens da marca como camisetas, tops, cuecas, *leggings*, entre outros produtos. O *merchandising* da marca vai além do ponto de venda também, marcando presença nas redes sociais, em vídeos de influenciadores digitais, em filmes, séries, novelas, programas de TV, em aparições conceituadas como *merchadising tye-in* ou *product placement*. É uma estratégia para marcar presença e gerar reconhecimento.

Figura 6.16 – Loja O Boticário, em São Paulo (SP), que aproveita a criatividade de suas embalagens e estímulos sensoriais para surpreender o consumidor e gerar uma experiência de compra inesquecível. A tecnologia também é aliada de um ponto de venda atraente porque nesta loja o consumidor pode acessar *tablets* para conhecer melhor os produtos nos quais tem interesse.

Figura 6.17 – Extra Hiper, situado em São Paulo (SP). Por meio de uma reformulação, o varejista Extra reservou um espaço para expor roupas dentro da área de vendas e gerar interesse nos consumidores, utilizando conceitos de vitrinismo e iluminação. O piso da parte têxtil é diferente, o texto é mais baixo e a iluminação é diferenciada, para dar a impressão de ser uma loja diferente. No local, o consumidor pode encontrar também manequins para expor as roupas e provadores para o público feminino e masculino. Todas essas ações foram planejadas para melhorar a experiência do consumidor.

CONSIDERAÇÕES FINAIS

Certa vez, o fundador do Walmart, Sam Walton, (1918-1992) comentou que todos os dias ele recomeça seu negócio. Essa frase sintetiza a atitude de varejistas de todos os formatos existentes no Brasil e no mundo, como supermercados, lojas de material de construção, padarias, lojas de conveniência, farmácias, *shopping centers* e outros.

Obter ideias, debatê-las e experimentá-las, em busca de sucesso nas vendas é uma necessidade do varejo. Acima de tudo, essa busca está sendo direcionada a proporcionar mais satisfação de compra para o consumidor, em vez de concentrar esforços na compra e na distribuição, que estão perdendo pontos quando são encarados como diferenciais competitivos.

Ao mesmo tempo em que cresce a necessidade de debater ideias e soluções, cresce o interesse do varejo em apoiar suas decisões em pesquisas e em literatura especializada no assunto. Isso mostra esforços direcionados a novas investigações, uma consequência natural do processo de evolução das Ciências Sociais, onde a Comunicação Social está inserida.

A busca por pesquisas quantitativas, que permitem o teste científico de hipóteses, revela um latente potencial de desenvolvimento nessa área. A maior parte da literatura específica de Comunicação Mercadológica, envolvendo *Merchandising,* é de origem estrangeira. Livros e pesquisas norte-americanos e europeus inspiram obras brasileiras, mas não são suficientes para apoiar decisões e estratégias voltadas para o ponto de venda no mercado nacional, considerando as grandes diferenças culturais e econômicas que separam o Brasil de países como os Estados Unidos, onde o *merchandising* encontra-se consolidado.

Trabalhos como esses propõem um diálogo entre o mercado e a academia, uma vez que a academia pode testar a aplicabilidade do conhecimento produzido no mercado, enquanto que o mercado pode adotar práticas com o rigor do método científico.

À medida que uma literatura de maior consistência teórica, adequada aos padrões e costumes brasileiros, conseguir desenvolver-se, os pesquisadores encontrarão mais motivação para testar hipóteses sobre a influência da comunicação no ponto de venda. Com isso, espera-se um desenvolvimento acelerado deste campo do conhecimento.

Ao mesmo tempo, nota-se que recursos empregados na comunicação no ponto de venda como *visual merchandising* e ambientações ainda estão muito distantes da realidade do pequeno e médio supermercado. A adoção desses recursos ainda está vinculada aos grandes centros urbanos, em gigantes varejistas que contam com o apoio sem restrições da indústria.

Esta obra mescla conceitos e práticas de *merchandising* em ambientes híbridos, ou seja, em cenários *online* e *off-line*. A proposta é refletir sobre melhorias na experiência de compra do consumidor híbrido, que muitas vezes pesquisa variedades de marcas e produtos na Internet, confere comentários, resenhas nas redes sociais, mas efetiva a compra em ambiente *off-line*, ou seja, em loja física.

Com isso, o livro apresenta conceitos de *merchandising*, ambientações, *layout*, design de loja e práticas como *visual merchandising* e loja dentro de loja aplicadas ao varejo físico e como tais conceitos estão sendo aplicados na Internet e nas redes sociais.

Um dos diferenciais desta obra é trazer propostas inovadoras de design de loja voltadas a explorar tendências de mercado mais do que necessárias, como a sustentabilidade. Entender também as técnicas de sedução de influenciadores digitais e virtuais para despertar a atenção do consumidor e como será a rotina de compras no Metaverso são contribuições atuais para o *Merchandising*, que estimulam a reflexão e abrem caminhos para novos estudos, novas pesquisas e novas práticas voltadas a compras conscientes e inesquecíveis.

Esta obra pretende também colocar consumidores, varejo e indústria em estado de fluxo, como define o psicólogo Mihaly Csikszentmihalyi. Ele acredita que fluxo é um estado mental de operação em que a pessoa está totalmente imersa no que está fazendo, caraterizado por um sentimento de total envolvimento e sucesso no processo da atividade. O estado de fluxo é conhecido também como o estado de *flow*, considerado o ápice da produtividade. Afinal, o que algumas pessoas têm em comum: um alpinista que vence uma escalada desafiadora, um jogador de xadrez imerso em um jogo difícil, um amante da música que consegue tocar uma peça complexa ao piano, um *gamer* jogando horas sem fim e uma professora de comunicação mercadológica e marketing que escreve um livro sobre *Merchandising* determinada a divulgar práticas exitosas e inspiradoras.

Tais pessoas estão experimentando o estado de fluxo mental, envolvidas em uma atividade interessante apenas para elas. O estado de fluxo mental possibilita mais concentração na tarefa, desperta sentimentos de sucesso, bem-estar, pertencimento e merecimento. Naturalmente que não serão todos os consumidores que vão experimentar esse estado de fluxo toda vez que estiverem em uma loja física ou virtual. Porém, adotar conceitos e práticas de *Merchandising* adequados podem aumentar a probabilidade do consumidor entrar em estado de fluxo constante e até atingir um estado de graça diante de experiências de compra encantadoras.

Este livro é parte de um conhecimento em marcha constante, uma vez que menciona o Metaverso e possíveis cenários de compra que poderão ser praticados com seu desenvolvimento. São como pistas que apontam para um caminho novo, que convida representantes do mercado e da academia para desbravá-lo. E esta é uma das principais propostas deste livro, apresentar conceitos e práticas que deram certo, podem ser adaptadas para diversos cenários e podem render novas experiências e novos relatos.

Tal continuidade é fascinante e participar dessa jornada é entrar em estado de fluxo, como Sam Walton, citado no início dessa conclusão, deve ter ingressado cada vez que recomeçava seu negócio. Lidar com *merchandising* é aproveitar oportunidades novas que se apresentam diariamente, 365 dias por ano. E testar novas possibilidades de deixar o consumidor satisfeito, assim como foi minha tentativa de encantar leitores interessados em *Merchandising*, como você. Espero ter conseguido.

REFERÊNCIAS BIBLIOGRÁFICAS

AISEN, Renata. Em busca da lucratividade. **Revista Supervarejo.** São Paulo: Associação Paulista de Supermercados: n° 60, pgs. 128-129, jun. 2005.

AISEN, Renata. Um atendimento diferenciado. **Revista Supervarejo.** São Paulo: Associação Paulista de Supermercados: n° 61, pgs. 84-85, jul. 2005.

AZEVEDO, Geraldo Rondon da Rocha. Promoção no ponto de venda. In: ANGELO, Cláudio Felisoni. **Varejo: modernização e perspectivas.** São Paulo: Atlas, 1995, 208 p.

BARROS, Isabela. Páscoa: ovos maiores e faturamento mais gordo. **Revista Supermercado Moderno.** São Paulo: Grupo Lund n° 1, pgs. 18-22, jan. 2005.

BERNARDINO, Eliane de Castro et al. **Marketing de varejo.** 2ª ed. Rio de Janeiro: Editora FGV, 2006, 156 p.

BERKOWITZ, Eric et al. **Marketing.** 6ª ed., volume 1, Rio de Janeiro: LTC, 2003, 323 p.

BERTOLDI, Lilian Brito e CASTRO, Jorge M. Oliveira. **Efeitos de promoções sobre a duração do comportamento de procura por produtos.** [mensagem pessoal]. Mensagem recebida por < raquelmprado@aol.com> em 15 out. 2005.

BLESSA, Regina. **Merchandising no ponto de venda.** 2ª ed. São Paulo: Atlas, 2003, 208 p.

CAMPOS, Vera. A necessária reciclagem de conceitos. **Revista Supervarejo.** São Paulo: Associação Paulista de Supermercados n° 37, pgs. 33-36, mai. 2004.

CAVALCANTI, Pedro e CHAGAS, Carmo. **História da Embalagem no Brasil.** São Paulo: Associação Brasileira de Embalagem, 2006, 253 pg.

CHALMERS, Ruy B. **Merchandising, a estratégia do Marketing.** 2ª ed. São Paulo: Atlas, 1971, 158 p.

COSTA, Filipe Campelo Xavier. **Influências ambientais no comportamento de compra por impulso: um estudo exploratório.** In: ANGELO, Cláudio Felisoni e SILVEIRA, José Augusto Giesbrecht. **Varejo competitivo – volume 6.** São Paulo: Atlas, 2001, 331 pg.

COZBY, Paul C. **Métodos de Pesquisa em Ciências do Comportamento.** 3ª ed. São Paulo: Atlas, 2006, 454 pg.

DEMARCHI, Célia. As centrais vão à luta. **Revista Supervarejo,** São Paulo, 20 out. 2004. Disponível em <http:www.apas.com.br/supervarejo/>. Acesso em 25 out. 2004.

ENGEL, James F.; BLACKWELL, Roger D.; MINIARD, Paul W. **Comportamento do consumidor.** 8ª ed. Rio de Janeiro, LTC, 2000, 641 p.

FECOMERCIO. https://www.fecomercio.com.br/noticia/o-que-o-metaverso-representa-para-o-futuro-do-varejo. Acesso em 02 dez. 2022.

FERREIRA, J. NRF 2006 Sob o signo da inovação. **Revista Supervarejo.** São Paulo: Associação Paulista de Supermercados, n° 67, p. 54-58, jan-fev. 2006.

FERREIRA, J. e ARAÚJO, Olegário. Categorias mais vendidas. **Revista Supervarejo.** São Paulo: Associação Paulista de Supermercados, n° 61, p. 26-43, jul. 2005.

FESTINGER, Leon e KATZ, Daniel. **A Pesquisa na Psicologia Social.** Rio de Janeiro: Editora da Fundação Getúlio Vargas, 1974, 646 pg.

FILIPPE, Marina. Marketing: Bahianinho – o mascote das Casas Bahia cresce e vira CB. Disponível em https://exame.com/marketing/bahianinho--o-mascote-das-casas-bahia-cresce-e-vira-cb/ Acesso em 30 nov. 2022.

FREITAS, Ana Maria. Ações personalizadas. **Revista Giro News.** São Paulo: Editora Supergiro, n° 116, p. 30-31, jan-fev. 2006.

GADE, Christiane. **Psicologia do consumidor e da propaganda.** São Paulo: Editora Pedagógica e Universitária, 2003, 269 pg.

GOBÉ, Marc. **A emoção das marcas.** Rio de Janeiro: Editora Campus, 2002.

GUTTERRES, Luis Henrique Muxfeldt et al. Vai uma Coca-Cola com Leite aí, freguês? In: ANGELO, Claudio Felisoni e SILVEIRA, José Augusto

Giesbrecht (coord.). **Varejo competitivo.** Volume 10. São Paulo: Saint Paul Editora, 2005, 319 pg.

IIDA, Kelly. Riachuelo inaugura loja do amanhã. Disponível em https://gkpb.com.br/78994/riachuelo-loja-do-amanha/ acesso em 18 nov. 2022.

INGOLD, Roger de Barbosa e RIBEIRO, Francisco. Varejo no ano 2000. In: ANGELO, Claudio Felisoni. **Varejo, modernização e perspectivas.** São Paulo: Atlas, 1994, 240 pg.

JAHARA, Caio. Metaverso no varejo: como desenvolver estratégias na prática. Disponível em https://exame.com/bussola/metaverso-no-varejo-como-desenvolver-estrategias-na-pratica/ Acesso em 02 dez. 2022.

KARSAKLIAN, Eliane. **Comportamento do consumidor.** São Paulo: Atlas, 2004, 2ª ed. 339 p.

KOTLER, Philip. **Administração de marketing.** 10ª ed. São Paulo: Prentice Hall, 2000, 768 pg.

KOTLER, Philip & ARMSTRONG, Gary. **Princípios de marketing.** 9ª ed. Rio de Janeiro: LTC, 1998, 578 p.

KOTLER, Philip e KELLER, Kevin Lane. **Administração de marketing.** 12ª ed. São Paulo: Pearson Education do Brasil, 2006, 750 pg.

LAKATOS, Eva Maria & MARCONI, Marina de Andrade. **Metodologia do Trabalho Científico.** 6ª ed. São Paulo: 2001, 220 pg.

LAS CASAS, Alexandre Luzzi. **Marketing de varejo.** 3ª ed. São Paulo: Atlas, 2004, 367 p.

LEITE, Valéria Serpa. Eficiência eleva receita por m² das lojas. **Gazeta Mercantil.** São Paulo. p. 3, set. 2006.

LEVIN, Jack. **Estatística aplicada a ciências humanas.** 2ª ed. São Paulo: Harbra, 1987, 391 pg.

LEVY, Michael e WEITZ, Barton A. **Administração de varejo.** 1ª ed. São Paulo: Atlas, 2000, 698 p.

LONGO, Walter. **Tudo que você queria saber sobre propaganda e ninguém teve paciência para explicar.** 3ª ed. São Paulo: Atlas, 1995, 432 pg.

LUKIANOCENKO, Marlucy. Setor prioriza os investimentos. **Revista SuperHiper.** São Paulo: Associação Brasileira de Supermercados. n° 5, p. 26-30, mai. 2006.

MALHORTA, Naresh (org). **Design de loja e merchandising visual – criando um ambiente que convida a comprar/**Claus Ebster, Marion Garaus; tradução Arlete Simille. 1ª ed. São Paulo, Saraiva, 2013.

MANFREDINI, Adriana. Concorrência impulsiona abertura de hiper. **Revista Supermercado Moderno.** São Paulo: Grupo Lund, n° 4, p. 61-64. abr. 2006.

MANFREDINI, Adriana. Uma loja para cada consumidor. **Revista Supermercado Moderno** São Paulo: Grupo Lund, n° 2, p. 8-12, fev. 2003.

MÉDICI, Ademir. **Coop: 50 anos de história.** São Paulo: Coop – Cooperativa de Consumo, 2004, 320 pg.

MEIRA, Paulo Ricardo. Saiba de cor no varejo – uso das cores nos pontos-de-venda. In: ANGELO, Claudio Felisoni e SILVEIRA, José Augusto Giesbrecht. **Varejo competitivo volume 6.** São Paulo: Atlas, 2001, 331 pg.

MORITA, Alessandra. Mart Plus: Prazer na hora da compra. **Revista Supermercado Moderno.** São Paulo: Grupo Lund, n° 1, p. 40, jan. 2006.

MORITA, Alessandra. Material de *merchandising*. **Revista Supermercado Moderno.** São Paulo: Grupo Lund n° 11, p. 85-90, nov. 2005.

MOURA, Moacir. **Os segredos da loja que vende.** Rio de Janeiro: Campus, 2003, 203 pg.

MOWEN, John C. & MINOR, Michael. **Comportamento do consumidor.** São Paulo: Pearson Education do Brasil, 2ª ed., 2005, 403 p.

NIGRO, Soraia. Instrumento de persuasão. **Revista Supervarejo.** São Paulo: Associação Paulista de Supermercados, n° 11, p. 39-41, nov. 2000.

NIGRO, Soraia. Viva a mídia no pdv. **Revista Supervarejo.** São Paulo: Associação Paulista de Supermercados, n° 63, p. 118-119, set. 2005.

OLIVEIRA, Barbara. Supermercado do futuro já funciona na Alemanha. **Diário do Comércio,** São Paulo, set. 2005. Disponível em: <http:www.dcomercio.com.br/especiais/automacao/supermercado.htm> Acesso em 11 set. 2006.

PACETE, Luiz Gustavo. Por que a Lu do Magalu tornou-se a maior influenciadora virtual do mundo. Disponível em https://forbes.com.br/forbes-tech/2022/05/por-que-a-lu-do-magalu-tornou-se-a-maior-influenciadora-virtual-do-mundo/ Acesso em 02 dez. 2022.

PARENTE, Juracy. **Varejo no Brasil**. São Paulo: Atlas, 2000, 394 p.

PAULA, Lana. Quem não tem quer ter. **Revista Supervarejo**. São Paulo: Associação Paulista de Supermercados, n° 45, p. 46-49, jan.-fev. 2002.

PENTEADO, Fábio. O sabor da inovação. **Revista Giro News**. São Paulo: Editora Supergiro, n° 115, p. 4-6, dez. 2005.

POPOLIN, Marli. **Pauta/Coop lança TV corporativa inédita no varejo** [mensagem pessoal]. Mensagem recebida por raquelmprado@aol.com em 15 mar. 2005.

PRADO, Raquel. Um espaço privilegiado para o bebê. **Revista Supervarejo.** São Paulo: Associação Paulista de Supermercados, n° 27, p. 27-28, out. 2003.

RATTO, Luiz. **Comércio, um mundo de negócios.** Rio de Janeiro: Ed. Senac, 2004, 317 p.

RIVA et al. **Marketing promocional – um olhar descomplicado.** São Paulo: Cengage Learning, 2013, 207 p.

RODRIGUES, Marly. **Supermercados: 40 anos de Brasil.** São Paulo: Associação Brasileira de Supermercados, 1993, 186 p.

SAMY, Felipe. Digital merchandising – o que é. Disponível em https://www.gofind.online/blog/digital-merchandising-o-que-e/ acesso em 28 nov. 2022.

SCHMITT, Bernd H. **Marketing experimental.** São Paulo: Nobel, 2001, 267 p.

SERRENTINO, Alberto. **Inovações no varejo: decifrando o quebra-cabeças do consumidor.** São Paulo: Ed. Saraiva, 2006, 144 p.

SHETH, Jagdish, MITTAL, Banwari e NEWMAN, Bruce. **Comportamento do consumidor – indo além do comportamento do cliente.** São Paulo: Atlas, 2001, 800 p.

SILVA, Chrystiane. Qualidade vale ouro no campo. **Revista Veja.** São Paulo: Editora Abril, nº 45, p. 94-95, nov. 2006.

SILVA, Joaquim Caldeira. **Merchandising no varejo de bens de consumo.** São Paulo: Atlas, 1990, 160 p.

SITTA, Ivanilde. Coop dá casas. **Revista Coop.** São Paulo: Coop Cooperativa de Consumo, nº 272, p. 10-11, out. 2006.

SITTA, Ivanilde. Coop dribla obstáculos para crescer. **Revista Coop.** São Paulo: Coop Cooperativa de Consumo, nº 272, p. 12-13, out. 2006.

SOUSA, Walter. 50 anos de supermercados no Brasil. **Revista SuperHiper.** São Paulo: Associação Brasileira de Supermercados, nº 38, p. 98-101, set. 2002.

SOUZA, Karina. Entenda a nova loja sustentável da Renner, maior varejista de moda do país. https://exame.com/esg/entenda-a-nova-loja-sustentavel-da-renner-maior-varejista-de-moda-do-pais/ Acesso em 18 nov. 2022.

SOUZA, Marcos Gouvêa & SERRENTINO, Alberto. **Multivarejo na próxima economia.** São Paulo: Makron Books, 2002, 211 p.

SUTTO, Giovanna. Como a Lu elevou o patamar do marketing do Magazine Luiza. Disponível em https://www.infomoney.com.br/negocios/como-a-lu-elevou-o-patamar-do-marketing-do-magazine-luiza/ Acesso em 30 nov. 2022.

SZASZ, Ana Helena. Como reconhecer o shopper. **Revista Supervarejo.** São Paulo: Associação Paulista de Supermercados, nº 63, p. 184-185, set. 2005.

TERRA, Simone. **Artigo: A evolução do *merchandising* no canal de alimentos.** [mensagem pessoal] Mensagem recebida por raquelmprado@aol.com em 12 dez. 2005.

TURCO, Denise. A era da razão. **Revista Distribuição.** São Paulo: L&M Comunicações, nº 139, p. 52-56, ago. 2004.

TURCO, Denise. Soluções *made in Brazil.* **Revista Distribuição.** São Paulo: L&M Comunicações, nº 139, p. 146-150, ago. 2004.

UNDERHILL, Paco. **Vamos às compras!** 4ª ed. São Paulo: Campus, 1999, 231 p.

VAREJISTAS americanos testam novo formato de *in store media*. **Mercado & Consumo** 9 fev. 2006. Disponível em http://cryo.plugin.com.br/gouvea/pStruct/pcontroller.aspx?CC=6704&inpCodN=489#11887. Acesso em 17 fev. 2006.